Markus Schrom

ANASTASIOS KALLIS · ORTHODOXIE

ORTHODOXE PERSPEKTIVEN
Herausgegeben von Anastasios Kallis

Band 1

ANASTASIOS KALLIS

Orthodoxie
Was ist das?

Theophano Verlag Münster

Titelbild

„Wer aber von dem Wasser trinkt, das ich ihm geben werde, wird niemals mehr Durst haben; vielmehr wird das Wasser, das ich ihm gebe, in ihm zur sprudelnden Quelle werden, deren Wasser ewiges Leben schenkt.“ (Jesus zu der samaritischen Frau: Joh 4,14)

Darauf weist das verchristlichte antike Motiv mit der Darstellung der weißen Tauben hin, die sich an einem mit Wasser gefüllten Becken niedergelassen haben.

Mosaik im Mausoleo di Galla Placidia in Ravenna (um 440)

6. aktualisierte Auflage

ISBN 3-9806210-1-4

INHALT

V. GELEBTES MYSTERIUM

VI. AUSBLICK

ANHANG

VORWORT

Ein Jahr vor seinem Tod schrieb der deutsche Reformator und Humanist *Philipp Melanchthon* († 1560) an den Ökumenischen Patriarchen von Konstantinopel *Joasaph II.*, er empfinde „einigen Trost" zu hören, „daß Gott noch immer auf wunderbare Weise eine nicht kleine Gemeinde in Trakien und Kleinasien und Griechenland erhält".

Es ist müßig, darüber zu meditieren, welchen Verlauf die *Reformation* genommen hätte, wäre die *Orthodoxie* nicht im Westen in Vergessenheit und in weiten, einst blühenden Gebieten des Ostens in eine beklagenswerte Unterdrückung geraten. In ihrer wechsel- und leidvollen Geschichte war die orthodoxe Kirche nur bedingt und in bescheidenem Maße in der Lage, auf die gesamtchristliche Entwicklung gestaltend und richtungweisend einzuwirken.

Auch wenn sie sich aus dieser Situation nicht ganz befreit bzw. erholt hat, gilt doch ihr Beitrag zu den gemeinsamen Bemühungen der Kirchen zur Lösung der Probleme der Zeit als unerläßlich und konstruktiv. Im ökumenischen Zeitalter ist die Bedeutung des „*Dritten im Bunde*" in zunehmendem Maße bewußt geworden, so daß man selbstverständlich vom ökumenischen Dreieck *Katholizismus – Protestantismus – Orthodoxie* spricht.

Doch trotz der ökumenischen Kontakte und der Vielfalt moderner Kommunikationsmöglichkeiten bleibt die orthodoxe Kirche für den westlichen Betrachter weitgehend ein fremdartiges Phänomen, da sie sich schlecht in westliche Kirchenstrukturen einordnen läßt. Die Nostalgie nach einer in der eigenen Kirche abgeflachten kultischen Mystik und Spiritualität trägt schließlich dazu bei, daß oft ein fiktives, jenseits der

Realität liegendes Bild der *Orthodoxie* entworfen wird, die als eine bloß kultische Gemeinschaft mit reichhaltigen und imposanten liturgischen Zeremonien, Ikonenverehrung, Chorgesängen, Weihrauch- und Kerzenkult und himmlischer Zuwendung betrachtet und auch dargestellt wird.
Diese Schwärmerei wirkt im Hinblick auf die Begegnung mit dieser Kirche als einer lebendigen Wirklichkeit hinderlich, denn sie sperrt den Weg zur Gegenwart der Orthodoxie, die infolge historischer Umwälzungen, vor allem politischer und ökonomischer Natur, nicht mehr eine fernliegende, orientalische, vorwiegend für mystisch veranlagte Romantiker und Orientliebhaber interessante exotische Form des Christentums ist, sondern seit langem auch in Westeuropa eine unübersehbare Wirklichkeit, namentlich auf dem Boden der Bundesrepublik Deutschland und Westberlins, auf dem sie mit ihren zahlreichen Kirchengemeinden auch zahlenmäßig nach der *katholischen* und der *evangelischen Kirche* die drittgrößte Kirchengemeinschaft bildet.
Aus dieser Situation heraus ist die vorliegende Darstellung entstanden, die den Auftakt zu einer Reihe weiterer Schriften bildet, in denen orthodoxe Theologen die geistige Tradition und Eigenart ihrer Kirche in einem ökumenischen Kontext darzustellen und auf aktuelle Fragen der Zeit eine ,,orthodoxe“ Antwort zu geben versuchen werden.
Es versteht sich von selbst, daß in dem vorliegenden Band, der nur einen einführenden Einblick in die Orthodoxie vermitteln möchte, spezielle Fragen nicht behandelt werden. Wer sich eingehender informieren will, wird auf die bibliographische Auswahl am Schluß verwiesen.

I. BEGRIFFLICHES

1. Orthodoxie

Den Anspruch auf den Besitz der Orthodoxie im Sinne der Rechtgläubigkeit erhebt eigentlich nicht nur die Kirche, die nach dem allgemein geltenden Sprachgebrauch so bezeichnet wird, sondern de facto jede Kirche, denn andernfalls würde sie zugeben, daß sie sich in der Häresie befinde, von der sich die alte Kirche abgrenzte, indem sie sich selbst orthodox nannte. Diese Bezeichnung war zudem nicht nur im Osten geläufig, sondern auch im Westen, wie bezeichnenderweise der römische Meßkanon zeigt, in dem *pro omnibus orthodoxis* (für alle Rechtgläubigen) gebetet wird, oder die Grabinschrift Karls des Großen, die ihn *orthodoxus Imperator* nennt. Andererseits ist es sicherlich kein Zufall, daß nach der großen Trennung zwischen der West- und der Ostkirche die Bezeichnung *orthodox* sich für die Ostkirche durchsetzte wie für die Westkirche das Adjektiv *katholisch,* das auch ein Merkmal der orthodoxen Kirche ist.

Trotz der angedeuteten Einschränkungen läßt die Haltung der Ostkirche, die auf ihre Selbstbezeichnung *orthodox* besonderes Gewicht legt, d. h. sich selbst damit identifiziert, einen besonderen Wesenszug dieser Kirche erkennen. Zum Sinngehalt dieser Selbstbeurteilung kann man am sichersten auf dem Weg einer Begriffsanalyse unter Berücksichtigung des orthodoxen Kirchenlebens und -bewußtseins gelangen. Das griechische Wort *orthodoxos* setzt sich zusammen aus dem Adverb *orthos* = richtig und dem Verb *dokeo* = meinen, glauben, sich bekennen. Demnach ist also orthodox, wer den wahren Glauben besitzt; im Bewahren und Verteidigen des rechten Glaubens liegt nach dieser formalen Interpretation die Eigenart der Orthodoxie, die daher als die strenge Hüterin der alten Überlieferung mit allen positiven wie auch negativen Konsequenzen dargestellt wird. Dies ist die gängige Erklärung, die man in der westlichen, nichtorthodoxen Literatur findet und die eine Verengung des Begriffes Orthodoxie bedeutet, die nach westlichen bzw. rein intellektualistischen Kriterien beurteilt wird. Dabei läßt man außer acht die Verbindung des Begriffs orthodox zum Verb *doxazo,* das preisen heißt. Orthodoxie ist nicht abstrakte rechte Lehre, sondern rechte Lobpreisung Gottes, die sich im rechten Glauben, Kult und Leben der Kirche verwirklicht. Der rechte Glaube hat seinen Ausdruck als eine erlebte Wirklichkeit im Lobpreis. Nicht primär als lehrende, sondern als eine betende Gemeinschaft also versteht sich die orthodoxe Kirche, im Sinne der *Orthopraxie.* Diesen existentiellen Sinngehalt unterstreicht das „*Fest der Orthodoxie*", das die orthodoxe Kirche alljährlich gerade am ersten Sonntag der Fastenzeit vor Ostern begeht. Den Montag der ersten Fastenwoche sieht daher der liturgische Dichter als den Auftakt zur Verwirklichung der Orthodoxie:

> „Nun ist sie da,
> der Kämpfe rechte Zeit hat begonnen,
> des Fastens Kampfstätte,
> lasset uns damit bereitwillig beginnen,
> die Tugenden als Gaben tragend vor den Herrn."

2. Ostkirche

„*Die Ostkirche*" ist der Titel eines Buches, das der ehemalige Metropolit von Berlin und Deutschland, Seraphim (Lade), herausgegeben hat in der Absicht, den deutschen Leser in die Geschichte, Dogmatik und das Geistesleben der orthodoxen Kirche einzuführen. Aus demselben Ostkirchen-Verständnis heraus nennt auch der evangelische Theologe E. Benz seinen thematisch ähnlichen Beitrag „*Geist und Leben der Ostkirche*". Der Begriff Ostkirche wird in der theologischen Literatur vielfach synonym mit Orthodoxie bzw. orthodoxer Kirche verwandt oder beide in Verbindung miteinander, wie z. B. das Buch von St. Zankow zeigt, das den Titel „*Das orthodoxe Christentum des Ostens*" trägt.

Die Bezeichnung *Ostkirche* ist ein durchaus relativer Begriff, der geographisch an Westeuropa orientiert ist; denn der Erdteil, den wir Osten nennen, liegt z. B. für die Chinesen und die Inder im Westen. Es handelt sich vielmehr um einen historisch-kulturellen Begriff, der auf die Teilung des Römischen Reiches zurückgeht, die 395 nach dem Tod des Kaisers Theodosios I. endgültig vollzogen wurde. Demnach ist die Kirche gemeint, die um die kirchlichen Zentren (Patriarchate) von Konstantinopel, Alexandrien, Antiochien und Jerusalem auf dem Boden des Oströmischen Reiches entstanden ist und schon früh durch Missionare über die Grenzen des Reiches hinausgetragen wurde.

Der Begriff *Ostkirche* wird insofern synonym mit der *Orthodoxie* verwandt, als man vom Bruch zwischen Rom und Byzanz ausgeht und demzufolge die aus der byzantinischen Reichskirche hervorgegangenen Kirchen wie die griechische, die russische, die bulgarische, die serbische usw. unter dem Sammelbegriff Ostkirche faßt. Dies war jedoch nicht die erste große Spaltung in der Kirche, denn nach dem Konzil von Ephesos (431) haben sich die *Nestorianer* von der Gesamtkirche getrennt wie später die *Vorchalkedonier*, die sich mit der christologischen Formulierung des Konzils von Chalkedon (451) nicht abfinden konnten. Diese sogenannten *Altorientalischen Kirchen* gehören genauso zur Ostkirche wie die orthodoxen Kirchen, mit denen sie sich eng verwandt und verbunden fühlen. Eine weitere Gruppe bilden schließlich die *katholischen Ostkirchen*, die sich in der Regel von ihren Mut-

terkirchen getrennt und die Union mit Rom – daher die Bezeichnung *unierte Kirchen* – geschlossen haben.
Ostkirche und *Orthodoxie* sind also keine synonymen Begriffe, auch wenn die Orthodoxie die dominierende Komponente ist, die infolge der Ost-West-Spannung und anschließender Spaltung den Begriff Ostkirche geprägt hat. Daher verwendet man das Adjektiv *östlich* vielfach nicht nur zur Bezeichnung der besonderen Tradition und der Eigentümlichkeit einer bestimmten Kirche oder Kirchengruppe, sondern als Attribut der Orthodoxie, insofern sie sich als die Fortführung der alten ungeteilten Kirche in ihrer östlichen Ausprägung versteht. „Die westliche Orthodoxie" – so der Titel eines Buches von L. A. Zander – ist inzwischen eine Selbstverständlichkeit. Im Sinne des eben dargelegten Zusammenhangs werden jedoch auch die orthodoxen Kirchen im Westen *östlich* genannt.

3. Griechische Orthodoxie

Vor nicht allzu langer Zeit hätte man leicht den Eindruck des Chauvinismus erweckt, wollte man das Adjektiv *griechisch* nicht nur auf die Kirchen griechischer Zunge, sondern auf die Orthodoxie, d. h. die orthodoxe Kirche überhaupt, beziehen. Nach einer schwierigen Zeit nationaler Rivalitäten bzw. Ressentiments, der Isolation der einzelnen orthodoxen autokephalen (selbständigen) Kirchen und zeitweiliger Entfremdung läßt sich ein neues Erwachen des Zusammengehörigkeitsbewußtseins und ein Prozeß der Selbstbesinnung der Theologie auf die Wurzeln ihrer eigenen, spezifisch orthodoxen Tradition beobachten, die eben die griechische ist. *Griechisch* ist hier weder ein geographischer noch ein nationaler, sondern ein kultureller, theologischer Begriff als ein strukturelles Kennzeichen dieser Kirche.

Griechischsein bedeutet nicht die Zugehörigkeit zu einer Nation, sondern zu einer Kulturtradition, dem *Hellenismus*, der dem christlichen Evangelium drei Jahrhunderte vorausging und damit die entscheidende Voraussetzung für den Aufstieg des Christentums über die Grenzen Palästinas zu einer Weltreligion bildete. Inwieweit dabei das Christentum griechisch oder vielmehr das Griechentum christlich wurde, ist eine in der Theologie und Philosophie bis heute kontrovers gebliebene Frage, bei deren Beantwortung die Bedeutung eines unbestrittenen kulturhistorischen Faktums nicht unterschätzt werden darf, daß nämlich das Christentum in einer Welt erscheint, die unter der Herrschaft der griechischen Kultur vereinheitlicht worden war. Mit der griechischen Sprache, in der das Neue Testament und die ersten weiteren literarischen Zeugnisse des christlichen Glaubens verfaßt wurden, war eine ganze Welt von Vorstellungen, Begriffen, Anschauungen, Denkweisen und -systemen verbunden, die auf die Gestaltung und Entwicklung des Christentums einen entscheidenden Einfluß ausgeübt haben.
529 ordnet zwar der byzantinische Kaiser *Justinianos I.* die Schließung der heidnisch-griechischen Universität in Athen an, doch das griechische Kulturerbe geht im christlichen Byzanz eine schicksalhafte Verbindung ein und bringt im tausendjährigen *byzantinischen Reich* den christlichen Humanismus hervor, dessen wesentlicher Bestandteil die östliche, griechische Form des Christentums, die Orthodoxie, ist.
Die Ausstrahlungskraft der byzantinischen Kultur auf die slavischen und anderen östlichen Völker wirkte schließlich bestimmend auf die Gestaltung des Christentums auch dort, so daß man exakt von der *griechischen Orthodoxie* z.B. der *russischen* oder der *bulgarischen Kirche* reden kann, ohne deren nationalen und jeweils besonderen Charakter in Frage zu stellen. Im Gegenteil, die griechische Komponente der Orthodoxie hat sie anpassungsfähig gestaltet und zu einer geistigen Kraft zur Bildung der nationalen Kultur und Pflege der

Eigentümlichkeiten verschiedener Völker gemacht und auf diese Weise sich selbst schließlich zum Verbindungsfaktor zwischen den Völkern entwickelt.
Der *griechische Geist* hat im Osten die Ausformung und Entwicklung der Theologie, der Kirchenstruktur, der Spiritualität und der Frömmigkeit der Orthodoxie mitbestimmt wie im Westen der *römische.*

4. Katholisch

Schlägt man in einem deutschsprachigen Lexikon unter *griechisch-katholisch* nach, so erfährt man, daß damit die mit Rom vereinigten Ostchristen des byzantinischen bzw. griechischen Ritus gemeint sind. Nach dem Bruch der Gemeinschaft zwischen der Ost- und der Westkirche und der Reformation im Westen hat das Wort *katholisch* einen stark konfessionellen Akzent erhalten, der seinen eigentlichen ekklesiologischen Sinn aus dem Bewußtsein der Christen verdrängt hat.
Selbst in orthodoxen Handbüchern der Schuldogmatik, in denen die Katholizität zu Recht als eine fundamentale Eigenschaft der orthodoxen Kirche herausgestellt wird, hat schon längst das in der westlichen theologischen Tradition klassisch gewordene Katholizitätsprinzip Eingang gefunden, das der Priestermönch Vinzenz von Lerin († vor 450) aufgestellt hat: *Quod ubique, quod semper, quod ab omnibus creditum est.* Im wahren und eigentlichen Sinne katholisch ist, was entweder überall oder immer oder von allen ausdrücklich geglaubt worden ist.
Nach dieser Formel hat der Begriff katholisch

1. einen geographisch-räumlichen Sinn: die Kirche überall *(ubique)* in der ganzen Welt,
2. einen traditionell-institutionellen Sinn: die durch ihre Institution kontinuierlich durch alle Zeiten *(semper)* bewahrte Kirche,

3. einen soziologisch-arithmetischen Sinn: die Kirche als die Gemeinschaft aller *(ab omnibus), d.h. der Mehrzahl der Glaubenden.*

Abgesehen davon, daß diese Kriterien in sich sehr fragwürdig und historisch unhaltbar sind, üben orthodoxe Theologen zunehmend Kritik an einer vorwiegend äußerlich-quantitativ orientierten Bestimmung des Begriffes katholisch, dessen Ausdrucksformen mehr als sein eigentlicher ekklesiologischer Sinngehalt herausgestellt werden.

Das griechische Wort *katholikos,* das die Adverbialform des Begriffes *olos* (= das Ganze) ist, bedeutet zunächst das, was ein Ganzes bildet oder das Ganze betrifft. Es ist also ein substantiell-qualitativer und kein geographisch-quantitativer Begriff im Sinne des „überall", das kata pantos heißen würde und in der kirchlich-theologischen Terminologie *ökumenisch* genannt wird. Diese Bezeichnung bezieht sich auf die horizontale Dimension der Kirche in der Ökumene, der bewohnten Erde, deren Grenze in der Vorstellung der Byzantiner identisch mit der Grenze des Reiches war. So nennt sich der Patriarch von Konstantinopel, der ehemaligen Hauptstadt des Reiches, ökumenisch, wie auch die die Gesamtkirche betreffenden Konzilien sich ökumenisch nannten, während Patriarchen außerhalb der ehemaligen Reichsgrenze wie bei den Armeniern und Georgiern den Titel *Katholikos* tragen.

Die Interpretation des Begriffs *katholisch* im Sinne von *ökumenisch,* die im Westen Augustin im Kampf gegen den geographischen Provinzialismus der Donatisten anwandte, trat im Osten erst später auf. Die alte Kirche nannte sich selbst *katholisch* im Sinne von *orthodox* in Abgrenzung zu den Häretikern als Trägerin der Wahrheit in ihrer tiefen Ganzheit. Die Teilnahme an dieser *Ganzheit* macht die Kirche katholisch in aller Welt und in der Gemeinde, in der das Ganze vergegenwärtigt wird; denn „wo Jesus Christus ist, ist auch die katholische Kirche" (Ignatios, Smyrn. 8,2).

II. DAS WERDEN DER ORTHODOXIE

1. „Ein Leib und ein Geist"

Als Weltreligion war das Christentum durch die unterschiedlichen kulturellen, religiösen, soziologischen, ethnischen, anthropologischen, wirtschaftlichen und politischen Voraussetzungen der zum neuen Glauben aufgerufenen Völker zu einer Vielfalt bestimmt, die bereits in der Abfassung mehrerer Evangelien zum Ausdruck kommt. Die *Pluriformität* hob jedoch die *Einheit* nicht auf, denn der Gedanke der Zugehörigkeit zu einem gemeinsamen Glauben war bei den Christen, die sich unter Einsatz ihres Lebens mit ihrer Umwelt auseinandersetzen mußten, eine Selbstverständlichkeit. Der *Einheitshymnus* des Epheserbriefes (4,4–6) stellt kein eschatologisches Ziel dar, sondern ein Glaubensbekenntnis und zugleich eine erlebte Wirklichkeit, die es zu bewahren galt.

Der Schmerz der Spaltung ist andererseits nicht eine Erfahrung der Kirche nach der *Reformation* (1517) oder nach der *Ost-West-Spaltung* im 11. Jahrhundert, sondern genauso alt wie die Kirche selbst. In der Gemeinde von Korinth gingen die Streitigkeiten zwischen den verschiedenen Gruppen so weit, daß *Paulus* an die junge Kirche Korinths die Frage stellen mußte: „*Ist denn Christus geteilt?*" (1 Kor 1,13) und sie eindringlich zur Einheit mahnte.

Die Grenzen zwischen wahren und falschen Propheten, zwischen Wahrheit und Irrtum, Kirche und Häresie waren fließend und nach dem Tod der Apostel, der unmittelbaren Zeugen Christi, schwieriger noch zu ziehen. Die verschiedenen aufgestellten *Normen* des *Glaubens* und der *Kirchengemein-*

schaft (Episkopat, Kanon des Neuen Testaments, Glaubensregeln), in denen die Kirche die Stimme der Apostel zu hören glaubte, haben sich nicht immer bewährt bzw. die Spaltungen verhindert.

Wie gefährlich es ist, menschlich-perfektionistische Normen des Glaubens und der Kirchengemeinschaft aufzustellen, zeigt das Beispiel des Bischofs von Antiochien *Ignatios* († um 110), der das Bischofsamt als einen solchen Orientierungsstein ansieht und zum Gehorsam gegenüber dem Bischof aufruft, ohne sich vorstellen zu können, daß 150 Jahre später sein Nachfolger auf eben diesem Bischofsstuhl *(Paul von Samosata)* als Ketzer verurteilt wird.

Die Kirche jedoch, die unter der Führung des Heiligen Geistes in der Wahrheit bleibt, bekennt sich, wie die alten liturgischen Texte, in denen der Glaube doxologisch artikuliert wird, weder zum Glauben des Bischofs noch des Neuen Testaments oder irgendeiner anderen Autorität, sondern zu Christus selbst. Alle – die Kirche in der Gemeinschaftsform „*wir*" und der einzelne in der persönlich-existentiellen Form „*ich*" – knüpfen an das Bekenntnis der Apostel zu Jesus an, das Petrus aussprach: „Du bist der Messias, der Sohn des lebendigen Gottes" (Mt 16,16). Für den Inhalt dieses Bekenntnisses haften sie mit ihrer Person, die in ihrer Selbstverwirklichung eine martyria – Zeugnis bis zum Tod – ist.

2. Der Sieg der Orthodoxie über die Häresie

Es ist auffallend, daß die Kirche zunächst, d. h. solange sie sich gegen Angriffe von außen wehren mußte, eine gemeinsame, einheitliche Front bildete, ohne daß sie zu einer überregionalen Absprache über ihre Abwehrstrategie kam. Diese harmonische *Martyria* war möglich aufgrund der lebendigen Gegenwart der *apostolischen Tradition,* in der sich die *Ortskirchen* eng miteinander verbunden fühlten. Zwischen den

Kirchen bestand auch eine lebhafte Kommunikation durch Besuchsaustausch, Briefwechsel, Austausch von Märtyrerviten, die bei den Zusammenkünften der Gemeinden verlesen wurden, usw.
Das Bewußtsein der Zugehörigkeit der *Ortskirchen* zu der *einen Kirche* unterstreicht Ignatios von Antiochien, wenn er an die Epheser schreibt, „daß die Bischöfe, die in aller Welt eingesetzt sind, einmütig in Christo sind" (Eph 3,2). Demselben ökumenischen Kirchenbewußtsein begegnet man auch im Westen, so z. B. beim *Bischof von Karthago Cyprian* († 258), der in der Einheit des Episkopats die Einheit der Ortskirchen sieht: „Episcopatus unus est". Das bedeutet nicht, wie man vor dem Hintergrund der späteren Entwicklung der Westkirche versteht, daß jeder Bischof als Teil eines Ganzen am Episkopat der Gesamtkirche teilnimmt, sondern Ausdruck und Träger des Ganzen ist.
Das ist die ekklesiologische Erklärung für das synodale Vorgehen der Kirche gegen die Häresie und überhaupt bei der Bewältigung innerchristlicher Probleme, die sich über die Grenzen einer Ortskirche erstreckten. Die Haltung der Kirche gegenüber den in den Verfolgungen abgefallenen Christen war ein gemeinsames Problem mehrerer Kirchen. Der Ostertermin war zwischen der Ost- und der Westkirche strittig. Durch die Verbreitung der Kirche und ihre soziologisch-strukturelle Verfestigung wurden die Kirchen mit überregionalen Problemen konfrontiert. So ergab sich, daß zu Beginn des 4. Jahrhunderts die *Synoden* eine feste Einrichtung der Kirche wurden, zumal das *Konzil von Nikaia* (325) die Abhaltung von jährlich zwei Provinzialsynoden beschloß.
Zu diesem Konzil, das in die Geschichte als das *erste ökumenische Konzil* einging, kam es, als die erste große dogmatische Krise, der *Arianismus,* das Wesen des Christentums und die Einheit des Reiches gefährdete. Die Trinitätslehre des Alexandriner Priesters *Areios,* der eine Unterordnung des Sohnes unter den Vater vertrat, wurde verurteilt und 381 im *zweiten*

ökumenischen Konzil in Konstantinopel theologisch endgültig überwunden. Darauf geht das in der Ost- und in der Westkirche gemeinsame Glaubensbekenntnis, das *Nizäno-Konstantinopolitanum,* zurück.
Die zweite große dogmatische Auseinandersetzung, die im 5. Jahrhundert erfolgte, schloß an die trinitarischen Streitigkeiten an, indem sie Wesen und Person des menschgewordenen Logos betraf. Die christologischen Differenzen beschäftigten die nächsten vier ökumenischen Konzilien – von *Ephesos* (431) über *Chalkedon* (451), *Konstantinopel* II (553) bis *Konstantinopel* III (680) –, die das Spannungsverhältnis zwischen einer mehr theozentrischen und einer mehr anthropozentrischen Christologie überwinden halfen.
Ein Streit schließlich, der die *byzantinische Kirche,* wie die *Reformation* die *Westkirche,* über ein Jahrhundert lang erschütterte, fand seine dogmatische Beilegung im *Zweiten Nizänum* (787). Dieses für die orthodoxe Kirche letzte ökumenische Konzil bestimmte die Verehrung *(proskynesis)* der Ikonen, die sich auf die abgebildete Person richtet und sich von der Anbetung bzw. dem Kult *(latreia)* unterscheidet, der Gott allein gebührt.
Der Sieg der *Orthodoxie* über die *Häresie* ist aber nicht das Werk der ökumenischen Konzilien als eine Art universalkirchlicher Institution, sondern der Kirche in ihrer Katholizität, die im Konzil Zeugnis für die christliche Wahrheit ablegt.

3. Der Verlust der Gemeinschaft

In den sieben ökumenischen Konzilien hat die Kirche in Ost und West gemeinsam ihren Glauben gegen die Häresie verteidigt und verkündet. Insofern sind diese kirchlichen Versammlungen geschichtliche Zeugen des gemeinsamen Erbes und besondere Ereignisse im Leben der Kirche, deren Tradition sich die orthodoxe Kirche verpflichtet fühlt, wenn sie sich, ohne ihr Gegenwartsbewußtsein zu verleugnen, die Kirche der sieben ökumenischen Konzilien nennt.

Daß nach 787 keine solche Zusammenkunft mehr stattgefunden hat, lag jedoch nicht daran, daß Ost- und Westkirche sich in Glaubensfragen unversöhnlich gegenüberstanden, sondern in deren Entfremdung, einem langwährenden, verhängnisvollen Prozeß, den verschiedene, mehr nichttheologische als theologische Faktoren begünstigten. Diese Entwicklung konnte daher auch das letzte ökumenische Konzil nicht aufhalten, das zwar in der bedeutendsten theologischen Frage der Zeit, der *Ikonenverehrung,* die Übereinstimmung zwischen Rom und Konstantinopel bekundete, in keiner Weise jedoch zur Entschärfung des in der Vergangenheit angehäuften Sprengstoffes beitrug. Die Entfremdung zwischen Ost- und Westkirche war so groß geworden, daß sie trotz der Glaubenseinheit nicht imstande waren, einen gemeinsamen Weg zu beschreiten. So konnte es geschehen, daß derselbe Papst, *Hadrian* I., der 787 auf dem *Konzil von Nikaia* die Ikonenverehrung als Pflicht jedes frommen Christen erklärte, wenige Jahre später, 794 auf der *Frankfurter Synode,* deren Verurteilung zustimmte.

In theologischer Hinsicht lag der Hauptgrund der Entfremdung in den divergierenden Auffassungen über die Struktur der Kirche, die bereits 342 auf der *Synode von Sardica (Sofia)* aufeinanderprallten und zum ersten offenen Bruch zwischen Ost- und Westkirche führten, als die östlichen Bischöfe aus Protest gegen die Einmischung des Bischofs von Rom in die Angelegenheiten der Ostkirche die Synode verließen. In der Folgezeit prägte sich im Osten das *hellenistisch-christliche politische Kirchenprinzip* stärker aus, während im Westen sich das *papstkirchliche petrinische Prinzip* durchsetzte. Aufgrund des politischen Prinzips, das in der Gesamtkirche zunächst allgemein angewandt wurde, indem sie sich organisatorisch an die politische Situation des Römischen Reiches anpaßte, erhielt der Bischof von Konstantinopel auf dem zweiten ökumenischen Konzil 381 den zweiten „*Ehrenplatz*" nach dem Bischof von Rom und schließlich in Chalkedon (451) gegen den Protest der päpstlichen Legaten „*den gleichen Rang*". Konstantinopel hat jedoch Rom nie den Ehrenvorrang streitig gemacht oder sich gar in Angelegenheiten des Westens eingemischt. Wenn aber immer wieder verschiedene theologische Streitfragen die Spannung zwischen Rom und Konstantinopel erhöhten und bis zum zeitweiligen Bruch der Gemeinschaft führten, bildete die Einmischung des Bischofs von Rom in Angelegenheiten des Ostens eine Gewitterwolke, die kontinuierlich den ost-westlichen Kirchenhorizont trübte. Bei aller Berücksichtigung der theologischen Streitfragen, wie die Einfügung des *Filioque* in das allgemeine Glaubensbekenntnis durch die römische Kirche: der eigentliche Störenfried heißt Machttheologie.

Der endgültige Verlust der Gemeinschaft wäre vielleicht dennoch verhindert worden, hätten nicht geschichtliche Umwälzungen die Verbindungswege zwischen Ost und West blokkiert. Die Einfälle der *Slawen* und *Awaren* in *Illyricum,* das sie verwüsteten, und das Vordringen der *Perser* und *Araber,* die *Syrien, Palästina* und *Ägypten* eroberten, wie auch die Verheerung *Norditaliens* durch die *Langobarden* führten zu einer neuen geistig-politischen Konstellation, die die Entfremdung vertiefte und den endgültigen Bruch der ostwestlichen Kirchengemeinschaft zur Folge hatte.

In Illyricum ging eine Verbindungsbrücke zwischen der lateinischen und der griechischen Welt verloren. Die jurisdiktionelle Unterstellung dieser Provinz unter den Patriarchen von Konstantinopel zu Beginn des Bilderstreites trug wesentlich dazu bei. Die persischen und arabischen Invasionen nahmen Byzanz so sehr in Anspruch, daß Rom sich endgültig von Byzanz abwandte, um bei den aufsteigenden germanischen Kräften Schutz zu suchen. Der Weg des Papstes *Stephan* II. im November 753 über die Alpen zum Hof des Frankenkönigs *Pippin* leitete definitiv den Bruch mit Byzanz ein. Ebenso schwerwiegend ist der damit verbundene Verlust der gemeinsamen griechisch-römischen Kulturtradition, von der sich Osten und Westen zunehmend entfernen, indem sie sich in verschiedene Richtungen entwickeln: Im Osten bekommen die hellenistischen und orientalischen Elemente das Übergewicht, während im Westen durch die germanischen Invasionen neue Elemente in die römische Kultur eindringen. Die bedauerlichen Ereignisse der Auseinandersetzung zwischen Papst *Nikolaus* I. und Patriarch *Photios* im 9. Jahrhundert, der gegenseitigen Exkommunikationen des Patriarchen *Michael Kerullarios* und des päpstlichen Gesandten Kardinal *Humbert* im Jahre 1054 und der Erstürmung der byzantinischen Hauptstadt durch das Heer des berüchtigten *vierten Kreuzzuges* (1202 – 1204), der mit der Errichtung des lateinischen Kaiserreiches und Patriarchats in Konstantinopel endete, sind die beklagenswerten Meilensteine im Auseinandergehen beider Kirchen, die sich so sehr entfremdet hatten, daß der letzte Unionsversuch auf dem Konzil von *Ferrara-Florenz* (1438–1439) zu einem Fehlschlag wurde. Das Mißtrauen und die Abneigung gegen Rom war nach all dem zu jener Zeit unüberwindlich. Die Stimmung und die Einstellung der Orthodoxen im sterbenden Byzanz, das am 29. Mai 1453 mit dem Fall Konstantinopels erlosch, manifestieren die Worte des *Megas Dux* (obersten Flottenkommandanten) *Lukas Notaras:* „Lieber möchte ich den türkischen Turban in der Stadt sehen als die lateinische Mitra" (Dukas 329, 11 ed. Grecu).

4. Nachbyzantinisches Byzanz

1453 fiel zwar das über tausendjährige „*rechtgläubige Reich*" in die Hände der Ungläubigen, doch Byzanz als geistige Heimat der Orthodoxie ging nicht verloren.
Der Trennungsprozeß zwischen Rom und Konstantinopel lenkt oft die Aufmerksamkeit der Historiker von einem be-

deutenden Vorgang im Osten ab. Der Niedergang der *Patriarchate* von *Alexandrien, Antiochien* und *Jerusalem* durch den religiösen Fanatismus der gegen Byzanz vordringenden islamischen Völker fand durch das Missionswerk der byzantinischen Kirche vor allem zur Zeit des Patriarchen Photios (858–867; 877–886) bei den *Slawen, Rumänen* und *Walachen* einen bedeutenden Ausgleich. Mit dem Übertritt des *Großfürsten Wladimir* und seines Volkes zum Christentum (989) anläßlich seiner Vermählung mit der byzantinischen *Prinzessin Anna* schloß sich auch *Rußland* der kirchlichen und kulturellen Tradition Konstantinopels an, das schließlich den byzantinisch-slawischen Charakter der russischen Christenheit bestimmte. Es ist eine bezeichnende Eigentümlichkeit der missionarischen Tätigkeit der Byzantiner, daß sie nicht nur das Christentum in seiner griechischen Prägung und die griechische Kulturtradition vermittelten, sondern auch die Grundlagen für die Entwicklung einer eigenständigen Kultur schufen.

Nachdem nun auf den Trümmern des byzantinischen Reiches das *Türkische Reich* aufblühte, das mit der Stadt der Griechen und dem Mittelpunkt der Orthodoxie, Konstantinopel, als Zentrum schon vor Ende des 15. Jahrhunderts von Mesopotamien bis zur Adria und vom Schwarzen Meer bis zum Mittelmeer reichte, ging der doppelköpfige byzantinische Adler auf das Großfürstentum *Moskau* über, das als „*drittes Rom*“ das Erbe des byzantinischen Reiches und seiner Kirche antrat und für mehrere Jahrhunderte das neue Zentrum der Orthodoxie wurde.

Die Christen im *Türkischen Reich* wurden nach alter Tradition islamischer Staaten als eine religiöse Gruppe anerkannt, die ungeachtet ihrer Zusammensetzung als eine Nation betrachtet wurde, an deren Spitze der Patriarch von Konstantinopel stand. Als *Ethnarches*, Vorsteher der Nation, war er nicht nur religiöses Oberhaupt der im Reich geduldeten, aber oft hart bedrängten Christen, sondern als eine Art christlicher

Kalif auch in bürgerlicher Hinsicht dem Sultan gegenüber verantwortlich; eine Sonderstellung, derentwegen mehrere Patriarchen ihr Leben opfern mußten. Es gehört zu den größten Leistungen des Patriarchats von Konstantinopel und der Orthodoxie überhaupt, daß sie die Bewährungsprobe der Türkenherrschaft bestanden haben. Das Blut der „*Neumärtyrer*" nährte den Glauben und verhinderte den nationalen Untergang der unterjochten christlichen Nationen.

Zusätzliche Sorgen bereitete dieser Orthodoxie in ihrer babylonischen Gefangenschaft die Haltung Roms, das den Osten als ein Missionsgebiet betrachtete, das es für die katholische Kirche zu gewinnen galt. Lateinische Missionare kamen in der zweiten Hälfte des 16. Jahrhunderts in die Türkei und begannen mit dem *Proselytismus* (Abwerbungskampagne) – ein Begriff, der bei den Orthodoxen heute noch eine emotionale Kettenreaktion antikatholischer Gefühle auslöst. Im katholischen Machtbereich waren die Orthodoxen ohnehin einer systematischen Latinisierung ausgesetzt. Auf dem Gebiet der schon lange zusammengeschrumpften alten Patriarchate des Ostens entstanden neben dem maronitischen Patriarchat fünf weitere katholische Patriarchate, nachdem der Unterwanderungsversuch bei den alten Patriarchaten scheiterte. Das „*Uniatentum*" verschärfte die ost-westlichen Gegensätze und wurde ein Dorn im Auge der orthodoxen Kirche, die in jedem Unionsversuch Roms eine Existenzgefahr erblickte.

Neue Perspektiven in den ost-westlichen Kirchenbeziehungen eröffnete das Auftreten des *Protestantismus,* der wegen seiner antipäpstlichen Einstellung das Interesse der orthodoxen Kirche erweckte. Der Patriarch von Konstantinopel *Joasaph* II. schickte in die Metropole der Reformation, nach *Wittenberg,* den Diakon *Demetrios Mysos,* der 1559 mit einer griechischen Übersetzung des *Augsburger Bekenntnisses* und einem Begleitschreiben *Melanchthons* zurückkehrte. Die Existenz einer Kirche im Osten ohne eine Bindung zum Papst ließ auch die Theologen der Reformation nicht gleichgültig.

Doch der berühmte *Briefwechsel zwischen den Tübinger Theologen und dem Patriarchen von Konstantinopel Jeremias* II. (1573–1581) führte zu keinem greifbaren Ergebnis und endete mit einer gegenseitigen Enttäuschung. Damit aber begann ein Tauziehen zwischen Katholizismus und Protestantismus um die Orthodoxie, die angesichts ihrer politischen und theologischen Hilflosigkeit hin- und hergerissen wurde. Betrübliche Zeugen dieses Zustandes sind der turbulente Wechsel von romfreundlichen und reformationszugeneigten Patriarchen in Konstantinopel, die in die Korruptionsmaschinerie der Pforte einbezogen wurden, und das Auftreten einer konfessionalistischen Theologie, die bei der Abfassung der „*Bekenntnisschriften*" zur Abwehr gegen die Kirchen des Westens vielfach zum Waffenarsenal jeweils der katholischen und evangelischen Theologie griff.

5. Der Neuorientierungs- und Umstrukturierungsprozeß

Die Blicke der unterdrückten Orthodoxen waren auf das freie *Moskau* gerichtet, das zum „dritten Rom" aufstieg, nachdem das „alte Rom" häretisch geworden und das „neue Rom" nicht mehr frei war.

Einen schweren Rückschlag erhielt die Theorie vom „dritten Rom" durch die Reformpläne des Patriarchen *Nikon* (1652–1658), der die *Russische Kirche* in den *Raskol* (Schisma) der „*Altgläubigen*" stürzte und die spätere Abschaffung des Patriarchats mit verursachte. Nachdem der westeuropäisch orientierte *Zar Peter der Große* einundzwanzig Jahre lang die Patriarchenwahl untersagt hatte, setzte er 1721 ein kollegiales Organ, den Heiligen Synod, an die Spitze der Kirche Rußlands.

Die *synodale Periode* (1721–1917) wird oft wegen der Abhängigkeit der Russischen Kirche vom Staat negativ beurteilt, dabei übersieht man den beachtlichen Aufschwung des religiösen Lebens, der in mancher Hinsicht an Byzanz erinnert, in dem in ähnlichen Phasen der Kirchengeschichte die Klöster zu geistlichen Zentren aufstiegen. Zu Beginn des 20. Jahrhunderts stellte die Russische Kirche mit ihren etwa hundert Millionen Gläubigen eine bedeutende geistige Größe dar, die den Zusammenbruch des Zarenreiches überlebte und aus den schweren bolschewistischen Verfolgungen zwar reduziert, aber doch durch das Martyrium geläutert hervorgegangen ist. Bei den orthodoxen Nationen, die nach einer vierhundertjährigen Fremdherrschaft ihre Freiheit erhielten, die ohne den Beitrag der Kirche undenkbar wäre, setzte selbstverständlich mit ihrer Befreiung eine *Autokephalie*-Welle ein, das Streben nach unabhängiger, d.h. nationaler Verwaltung der Kirche mit einem eigenen „Haupt".

Nach der Anerkennung der Souveränität *Griechenlands* in der Londoner Konferenz (1830) und der Ernennung des Wittelsbachers Otto I. zum König (1832) erklärte sich 1833 die *Griechische Kirche* zu einer autokephalen Nationalkirche, der sich später auch weitere griechische Territorien nach ihrer Befreiung von der Türkenherrschaft anschlossen. Der Patriarch von Konstantinopel bestätigte erst am 11. Juli 1850 diese Autokephalie und blieb das nominelle Oberhaupt der Griechischen Kirche. Das Statut der autokephalen Griechischen Kirche, die durch einen Synod unter dem Vorsitz des Erzbischofs von Athen geleitet wird, hat seitdem mehrfache Veränderungen erfahren; doch die einzigartige Verbindung zwischen Kirche und Staat blieb immer bestehen.

Für die *Serben* brachten die Freiheitskämpfe unter *Karageorg Petrovič* (1804–1812) und *Milŏs Obrenović* (1815–1817) die ersehnte Erneuerung der kirchlichen Selbständigkeit, die an die Blütezeit des serbischen Staates im 14. Jahrhundert erinnerte, als *Peć* Sitz eines Patriarchen war. Nach der vollen Unabhängigkeit des Landes erkannte Konstantinopel 1879 die Autokephalie der Serbischen Kirche an, der sich 1920 sämtliche orthodoxen Metropolien des damaligen „*Königreichs der*

Serben, Kroaten und Slowenen" anschlossen und deren Oberhaupt der „*Patriarch der Serben, Erzbischof von Peć und Metropolit von Belgrad-Karlowitz*" wurde. Zwei Jahre später bestätigte das Ökumenische Patriarchat diesen Status der Orthodoxie im neuen Staat Jugoslawien, in dem sie während und nach dem Zweiten Weltkrieg eine Reihe schwerer Prüfungen zu bestehen hatte.

Am auffälligsten trat das Selbständigkeitsstreben bei der *Kirche Bulgariens* zutage, deren alte antibyzantinische Gesinnung auch während der Türkenherrschaft fortlebte, so daß 1870 sogar der Sultan in den Konflikt eingriff und ein *bulgarisches Exarchat* mit Sitz in Konstantinopel errichtete. Gegen diese Lösung äußerte sich 1872 eine Synode in Konstantinopel, die den „*Phyletismus,* d.h. die nationalen Rivalitäten und Streitigkeiten zwischen Völkern ... innerhalb der Kirche Christi" verurteilte. Nach Erfüllung gewisser Bedingungen hob 1945 Konstantinopel das *bulgarische Schisma* auf. Die 1953 aufgetretenen Unstimmigkeiten wegen der Neugründung des bulgarischen Patriarchats hat der Patriarch *Athenagoras* 1961 durch die Anerkennung dieses jüngsten orthodoxen Patriarchats beseitigt.

In ähnlicher Weise wie das Serbische Patriarchat entstand die *Rumänische Kirche,* die im 14. Jahrhundert einer bulgarischen Diözese, später dem Patriarchen von Konstantinopel unterstand. Die Verbindung der beiden Fürstentümer *Moldau* und *Walachei* zu einer politischen Einheit (1859) führte zur Verselbständigung der neuorganisierten Rumänischen Kirche, die 1865 ihre Autokephalie proklamierte und 1885 vom konstantinopolitanischen Patriarchat die Bestätigung erhielt. 1925 formierten sich schließlich alle Orthodoxen Rumäniens unter dem „*Patriarchen der Rumänisch-Orthodoxen Kirche, Erzbischof von Bukarest und Metropoliten der Walachei*".

Schließlich bildete sich nach dem ersten Weltkrieg eine Reihe kleinerer autokephaler orthodoxer Kirchen, die unter dem

kommunistischen Regime eine parallele Entwicklung aufweisen.
Die *Missionskirchen* aus der neueren Zeit in Asien und Afrika sind angesichts der dargelegten historischen Entwicklung der Orthodoxie bescheiden klein, doch sie erwecken eine berechtigte Hoffnung im Hinblick auf ihre Zukunft, zumal der gegen den kolonialistischen Imperalismus, als dessen Gehilfen oft die westlichen Missionare angesehen werden, ausgerichtete Affekt die Orthodoxie nicht trifft.
Der Umstrukturierungsprozeß der Orthodoxie führte zu einer Zusammenschrumpfung des *Ökumenischen Patriarchats von Konstantinopel,* das auch in anderer Hinsicht den Freiheitswillen der orthodoxen Nationen zu spüren bekam. So ließ z.B. der Sultan 1821, als der griechische Aufstand losbrach, den Patriarchen *Gregorios* V. in der Osternacht nach der Liturgie in vollem Ornat an der Tür der Patriarchalkirche erhängen. Die *„kleinasiatische Katastrophe"* von 1922, bei der die Griechen Kleinasiens vertrieben oder umgebracht wurden, und die späteren Ausweisungen der Griechen aus Konstantinopel sowie die repressiven Maßnahmen der türkischen Regierung bedeuteten eine weitere Erschwerung der Arbeit dieses Zentrums der Orthodoxie.
Einen gewissen Ausgleich schuf die Bildung neuer orthodoxer Kirchen in der Diaspora, insofern zumindest die Griechen ausnahmslos dem Ökumenischen Patriarchat unterstehen. Weitaus wichtiger jedoch ist der Begegnungsprozeß, der in der Diaspora stattfindet. Für die Christen der Kirchen des Westens ist die Orthodoxie keine abstrakte, historische Erscheinung mehr, sondern eine lebendige Realität. Für die orthodoxen Kirchen bedeutet die Begegnung untereinander wie mit den Kirchen des Westens eine Bereicherung und die Eröffnung neuer Horizonte für die Zukunft der Gesamtorthodoxie und der Kirche überhaupt.

III. EINHEIT IN DER VIELFALT

1. Kirche – Kirchen

Nicht erst nach der ost-westlichen Kirchenspaltung, sondern seit alters her betet die orthodoxe Kirche in ihrer Liturgie „*um die rechte Standhaftigkeit der heiligen Kirchen Gottes*", während der Westen „*pro Ecclesia tua sancta catholica*", für die heilige katholische Kirche betet.
Diese kleine, scheinbar belanglose Verschiedenheit im eucharistischen Gebet weist auf einen tiefgreifenden Unterschied in der ekklesiologischen Betrachtungs- und Denkweise des Ostens und Westens hin wie auch auf eine wichtige Divergenz im Verständnis der Kirchenstruktur.
In der westlichen Tradition geht die Theologie *deduktiv* vor, von der Betrachtung der *Gesamtkirche* auf die Sinndeutung der *Ortskirche*, die als Teil der einen Kirche mit allen Konsequenzen des Teilseins angesehen wird. Daher kann auch die in der katholischen Theologie der neueren Zeit erfolgte und an sich erfreuliche Aufwertung der Ortskirche keinen durchschlagenden Beitrag zur Überwindung der angedeuteten Disharmonie leisten, solange man bei der Beurteilung des Kirchencharakters einer Ortskirche von der *Universalekklesiologie* ausgeht.
Zu dieser Betrachtungsweise hat auch die Sachlage geführt, daß es im Westen nur einen apostolischen Sitz gibt, der sich zu „*dem Apostolischen Stuhl*" entwickelt hat, während im Osten eine Vielzahl von Bischofssitzen auf die Apostel selbst zurückgeht. Die Bildung mehrerer selbständiger kirchlicher Zentren war im Osten eine Selbstverständlichkeit, zumal die Osttheologie in ihrer Ekklesiologie *induktiv* vorgeht, auf

dem Weg der Betrachtung der *Ortskirchen* zu der *Gesamtkirche* gelangt, und zwar nicht als eine Additionsgröße, sondern als eine Kategorie der *Relation; denn die Kirche ist nicht die Summe der einzelnen Ortskirchen, sondern in jeder Ortskirche in ihrer Fülle verwirklicht.*

Die logische Konsequenz der Betrachtung der Ortskirche als Teil der einen Kirche wäre die Verlagerung der *Eucharistie* in den Bereich der *Utopie.* Kirche ist aber – besonders nach der paulinischen Kirchenauffassung – der Leib Christi, der wiederum der Leib der Eucharistie ist. *Die Ortskirche ist kein Teil, sondern die Kirche in ihrer Ganzheit, weil die Eucharistie, die in ihr gefeiert wird, die Inkarnation des ganzen historischen Jesus ist.*

Wenn aber *Altar* und *Kirche* konditional miteinander verbunden sind, dann gilt nach der Analogie des Ignatios von Antiochien († um 110): Kirche-Jesus – Kirche-Bischof als eine Bedingung für den Kirchencharakter einer Gemeinde ihre Leitung durch einen Bischof. Als Haupt der eucharistischen Gemeinschaft ist der Bischof *Typos* und *Abbild* des *einzigen Priesters* und spiegelt die Einheit der Kirche wider. Aus dieser Funktion des Bischofs heraus ergibt sich schließlich, daß der Episkopat in aller Welt eine Einheit darstellt, die nicht in der Zusammenfügung von Teilen zu einem Ganzen besteht, sondern in der Vergegenwärtigung des Ganzen in den zusammenfallenden einzelnen. Daher ist auch jeder Bischof, und nicht nur alle Bischöfe zusammen, Nachfolger aller Apostel einschließlich Petri. Jeder Ortsbischof sitzt, wie der heilige *Cyprian* († 258) meint, auf der einen *cathedra Petri* und wird dadurch Träger der kirchlichen Gemeinschaft und Einheit der Kirche.

Das bedeutet eine *Koinzidenz* von *Einheit* und *Vielgestaltigkeit,* insofern jede Ortskirche mit ihrem Bischof als eine eucharistische Gemeinschaft existentiell die eine, heilige, katholische und apostolische Kirche darstellt, deren pluriforme Gestalt in der Gemeinschaft der selbständigen und verschiedenartigen, aber doch wesensgleichen Kirchen zum Ausdruck kommt.

2. Innertrinitarische Relation – Synodalität

Konsequent zu der dargelegten *eucharistischen Ekklesiologie* bedeutet die ökumenische Einheit der Kirche weder eine gegenseitige Ergänzung von Teilen noch eine demokratische, d.h. durch Mehrheitsbeschlüsse zustande kommende Einheit, sondern ein Zusammenfallen pluriformer bzw. unterschiedlicher Gemeinschaften in Christus, durch seine Vergegenwärtigung in der gemeinsamen Eucharistie.
In der Kirche widerspiegelt sich eindrucksvoll das Mysterium der *göttlichen Dreifaltigkeit:* die geheimnisvolle Identität und Verschiedenheit zugleich der drei wesensgleichen unterschiedlichen Personen, die nach der Vorstellung der Griechen in sich die Einheit und Verschiedenheit vereinen.
Daher ist es auch nicht verwunderlich, daß man auch hier den oben (S. 29f) erwähnten Unterschied in der Betrachtungsweise zwischen griechischer und lateinischer Theologie trifft: Das Vordringen der Griechen zu der einen Natur, ausgehend von den drei konkreten Erscheinungen Gottes (Vater, Sohn und Heiliger Geist), zu denen die Lateiner über die Natur gelangten. Es ist offensichtlich mehr als eine Methodenfrage, wenn jeweils die Natur oder die Träger den Ausgang der trinitarischen Betrachtung bilden, denn das hängt, wie die theologische Streitfrage par excellence zwischen Griechen und Lateinern, die von der lateinischen Kirche vorgenommene Hinzufügung des *Filioque* in das gemeinsame Glaubensbekenntnis, zeigt, mit einem konsequenzträchtigen Unterschied hinsichtlich der Prioritäten zusammen: das Gemeinsame steht bei den Lateinern höher als das Personale, dem die Griechen ihre Aufmerksamkeit an erster Stelle widmen.

Infolge der innigen Verbindung, die zwischen *Trinitätstheologie* und *Ekklesiologie* besteht, haben die orthodoxe und katholische Kirche ihre eigentliche Streitfrage, die die Struktur der Kirche betrifft und die niemals ernsthaft als theologisches Problem angegangen wurde, auf der Ebene der Trinitätstheologie ausgetragen.
Dem Kirchenhistoriker fällt besonders auf, daß bei den immer wiederkehrenden ost-westlichen Auseinandersetzungen, die schließlich zur Spaltung führten, ein grundsätzlicher ekklesiologischer Unterschied hervortritt, wenn sich die einen auf die Gewalt des *Nachfolgers Petri* berufen, während die anderen auf die Kompetenz der *Patriarchen* für einzelne selbständige Kircheneinheiten und der *ökumenischen Konzilien* für die Gesamtkirche hinweisen.
Hat also die Orthodoxie in ihrem Protestantismus gegen den römischen Universalismus ein anderes *universales Ordnungssystem* entwickelt, dem die Ortskirchen unterliegen? Dieser Eindruck entsteht aus einer vorwiegend juridischen Betrachtung der *Synodalität,* die mit der Synode als Institution gleichgesetzt und von ihren eucharistischen Wurzeln abgeschnitten wird, so daß sie schließlich als eine Kategorie eines dem Wesen der Kirche widerstrebenden Machtmechanismus herausgestellt wird. Formulierungen wie: „das Konzil stellt die höchste Autorität in der Kirche dar", oder sogar: „die Konzilien entscheiden *ex sese* unfehlbar", die bei orthodoxen Theologen vorkommen, sind die schmerzlichen Folgen einer in der leidensvollen Geschichte der Orthodoxie zurückliegenden theologischen Fehlentwicklung.
Synodalität, von *synodeuein* (= zusammenreisen, jemanden auf dem Weg begleiten), die zum Wesen der Kirche gehört, darf nicht auf die *Synode* eingeengt werden, denn die Synode ist keine unabdingbare *Institution* der Kirche, sondern ein *Ereignis* der Kirchengemeinschaft und der Glaubensübereinstimmung der Ortskirchen. Synodalität bedeutet gemeinsames Leben, das nicht durch ein Ordnungssystem verwirk-

licht wird, sondern durch das Band der Liebe im Heiligen Geist. Sie ist das organische Prinzip der Kirche und der Kirchengemeinschaft in Analogie zu der göttlichen Trinität, bei der die Liebe das Prinzip der innertrinitarischen Relation ist. Die Liebe schafft die Gemeinschaft und bildet die Voraussetzung des gemeinsamen Glaubens der Ortskirchen und der eucharistischen Versammlung überhaupt. Diese Überzeugung hat ihren Niederschlag im Gebet der Orthodoxie, in deren Eucharistiefeier der Priester vor dem Glaubensbekenntnis ausruft: „Laßt uns einander lieben, damit wir in Eintracht bekennen".

3. Fortwährendes Pfingsten – Autokephalie

Eine charakteristische orthodoxe ekklesiologische Grundhaltung bringt der byzantinische Dichter zum Ausdruck, wenn er das *Sprachwunder* infolge der Geistausgießung an Pfingsten (Apg 2,1–11) der babylonischen *Sprachverwirrung* als Strafe für die menschliche Hybris (Gen 11,1–9) gegenüberstellt:

> „Als er herniederfahrend die Sprachen verwirrte,
> zerteilte die Völker der Höchste.
> Als er die Feuerzungen austeilte,
> rief er alle zur Einheit.
> Nun preisen wir einstimmig
> den allerheiligsten Geist."

Das pfingstliche Ereignis bedeutet einen wesentlichen Wendepunkt in der Betrachtung der Heilsgeschichte. Alle Völker werden in ihren Sprachen aufgerufen. Stand bis dahin die Sprach- bzw. die Völkervielfalt unter dem „Zorn Gottes", so wird sie jetzt zum Werkzeug der Verkündigung der Heilsbotschaft in allen Völkern der Welt.

Dieser Aspekt der heilsgeschichtlichen Betrachtung bildet den theologischen Hintergrund für ein wichtiges *Evangelisationsprinzip* der Orthodoxie, die das Evangelium und die Liturgie in der Volkssprache der missionierten Völker vermittelte und deren Kulturtradition nicht nur respektierte, sondern auch förderte.

Darin setzt die Orthodoxie die Praxis der alten Kirche fort, die in ihrer soziologischen Strukturierung sich der politischen Organisation des Römischen Reiches anpaßte. Die selbständigen Gemeinden, die Bistümer, entsprachen den politischen Verwaltungseinheiten *(municipium).* Allmählich formierten sich diese Ortskirchen, die gleichberechtigt nebeneinanderstanden, um bedeutende Mittelpunkte des wirtschaftlichen, sozialen, kulturellen und politischen Lebens und bildeten in Angleichung an die politischen Diözesen, die mehrere Provinzen umfaßten, größere Einheiten, die *Patriarchate,* die den Kulturräumen der Zeit entsprachen.

Die weitverbreitete Vorstellung, die alte, ungeteilte Kirche habe eine institutionelle, organisatorische Einheit gebildet, gilt für keine Epoche der Kirchengeschichte und entspringt einem konfessionalistischen Denken, das nach der Zersplitterung der Christenheit entstand. Gerade die ungeteilte Kirche zeigte eine beneidenswerte Flexibilität und Mannigfaltigkeit, die eine *Einheit der Kirche in der Vielfalt* der Sondertraditionen und Ausdrucksmöglichkeiten des einen Glaubens bedeuteten. Die Einheit der Kirche geht gerade dann verloren, als sie institutionell zu *einer* (Reichs-) Kirche des *Römischen Reiches* wird.

Die *orthodoxe Kirche,* die wie die alte, ungeteilte Kirche in selbständigen *(autokephalen)* Kirchen besteht, bildet keine Verwaltungseinheit, sondern eine Gemeinschaft der Ortskirchen, die horizontal miteinander verbunden sind. Sie stellt eine geistige Einheit dar, die im gemeinsamen Glauben, Kirchenrecht und in der gemeinsamen Liturgie zum Ausdruck kommt. In dieser pneumatologischen, im Heiligen Geist sich konstituierenden Gemeinschaft hat eine vertikale Bindung zu einem sichtbaren Organ der Einheit keinen Platz. Der *Ökumenische Patriarch* von Konstantinopel hat in diesem Liebesbund als *primus inter pares* nur einen geschichtlich bedingten Ehrenvorrang, aufgrund dessen ihm das Vorrecht bzw. die Pflicht der Initiative in panorthodoxen Angelegenheiten zusteht.

In dem jeweiligen Kulturraum erfährt der Glaube seine besondere Prägung; er wird individualisiert, verörtlicht, ohne seinen Katholizitätscharakter zu verlieren. Ihn kann eine Kirche nur dann verlieren, wenn sie sich zum Instrument national-kultureller Machtinteressen machen läßt. Darin liegt die Gefahr des *Autokephaliesystems,* vor der namentlich katholische Theologen warnen. Die Warnung besteht zu Recht. Nationale Rivalitäten zwischen orthodoxen Völkern haben auf die Entwicklung der Orthodoxie negativ eingewirkt. In diesem Modell könnte man den Grundgedanken des Modells selbst, die Vielfalt der Katholizität, aus den Augen verlieren und die eigene Tradition verabsolutieren oder auch die Katholizität der Nationalität opfern. Eine solche Fehlentwicklung, die aufs gröbste gegen den Liebesbund der Schwesterkirchen verstoßen würde, hat nicht das geringste mit der Autokephalie zu tun, sondern mit einem *Provinzialismus,* dem allerdings, verbunden mit weitgehendsten Konsequenzen, auch ein institutionelles Einheitsmodell der Kirche unterliegen kann.

Autokephalie aber bedeutet *Einheit in der Vielfalt;* eine Spannungseinheit, die auch Gegensätze nicht ausschließt, sondern im Gegenteil als notwendige Komponenten einer lebendigen, schöpferischen Einheit voraussetzt, die von der Spannung verschiedenartiger, einander entgegengesetzter Anlagen und Prägungen getragen wird. Nicht die *Einheit,* sondern die *Einförmigkeit* läßt keine Gegensätze zu. Erst wenn sie sich zu Widersprüchen entwickeln oder sich selbst verabsolutieren, zerstören Gegensätze die Einheit.

Wer diese *Spannungseinheit* versteht, kann auch begreifen, daß zwischen den autokephalen orthodoxen Kirchen auftretende Differenzen ein normaler Vorgang im Leben der Kirche sind, die kraft ihrer Katholizität und Liebe in einem fortwährenden Pfingsten die Grenzen der menschlichen Schwäche der Kirchen verschiedener Mentalität, Kultur und Nationalität zu überwinden vermag. Dieser pfingstliche Geist der Orthodoxie wird heute eindringlich in der Diaspora auf die Probe gestellt, in der die Orthodoxen unter ungünstigen Umständen mit der Vielfalt ihrer Traditionen unmittelbar konfrontiert werden und um der Orthodoxie und ihrer schwierigen Aufgaben willen in der gemeinsamen Tradition sich zusammenfinden und zusammenwirken müssen.

4. „Alle mit Heiligem Geist erfüllt"

Die Antinomie von *Individualität* und *Gemeinschaft*, existentieller Glaubenserfahrung und gemeinschaftlichem Glauben, ist in der Kirche, wie ihre Entstehungsgeschichte eindrucksvoll belegt, in eine charismatische Verbindung übergegangen. Das *Pfingstgeschehen* ist das gemeinschaftbildende und zugleich personbezogene Ereignis im Leben der Kirche als ein immerwährender Vorgang. Empfänger der „Feuerzungen" am Pfingsttag waren weder die Apostel allein als privilegierte Gruppe noch ein Kollektiv, sondern jeder einzelne und alle, die im Gebet versammelt waren. Der Evangelist *Lukas* berichtet: Den Versammelten „erschienen Zungen wie von Feuer, die sich verteilten und sich auf jeden einzelnen von ihnen niederließen, und alle wurden mit Heiligem Geist erfüllt" (Apg 2,3f).

Die im Geistfeuer auftretende Kirche bildet eine klassenlose, personale Gemeinschaft. Jeder einzelne ist *Pneumatophoros* (Geistträger), jedoch nicht als eine selbständige, isolierte Größe, sondern als Glied der Gemeinschaft. Der Geist kam zu der Gemeinschaft der Glaubenden, und jeder, der ihn empfangen will, muß ihr beitreten. Die das Wort der Apostel annahmen, wurden getauft und kamen „zu der Gemeinde hinzu“ (Apg 2,41.47). Die Gemeinschaft ist der Ort, in dem der Mensch durch den Empfang des in ihr wohnenden Heiligen Geistes in eine geheimnisvolle Verbindung im lebendigen Organismus Kirche eintritt. Die persönliche und individuell ausgeprägte Heilserfahrung bedeutet keinen Alleingang, sondern freie Entfaltung der Person in der Gemeinschaft des einen Glaubens in der Liebe.

Die Stellung bzw. die Bedeutung der einzelnen Glieder und deren Verhältnis zueinander und zum Organismus, den sie bilden, beschreibt *Paulus* anschaulich in seinem 1. *Korintherbrief* (12,12–28), in dem er im Bild vom Körper sowohl die *Harmonie* des Körpers als auch die Vielfalt und Besonderheit der Dienstleistungen der Glieder hervorhebt: Genauso wie die Glieder des Körpers ist jedes Mitglied der Kirche aktiv und leistet einen besonderen Dienst, der in den Gesamtdienst der Kirche eingebettet ist. Es handelt sich um eine konzertierte Dienstvielfalt, die die Harmonie des ganzen kirchlichen Organismus konstituiert. Daher ist es nicht möglich, daß jemand in der Kirche über dem anderen steht oder sogar über der Kirche oder gar den Anspruch erhebt, die Kirche in besonderer Weise zu repräsentieren. Weder die Apostel noch die Propheten noch die Prediger noch die Hirten und Lehrer (Eph 4,11) bilden allein jeder für sich oder auch zusammen die Kirche, sondern sie sind ihre Glieder, und als solche können sie ohne die übrigen Glieder überhaupt nicht existieren. Einen exemplarischen Ausdruck dieser *pneumatologischen Gemeinschaftsekklesiologie* findet man im orthodoxen Eucharistieverständnis, nach dem die Eucharistie nicht das Werk einer einzelnen Person oder einer besonderen Gruppe aus dem Volke Gottes ist, sondern der Dienst der Gemeinschaft. Dieser gemeinschaftliche Dienst schließt keinesfalls den besonderen Dienst der Vorsteher aus, deren Wirken jedoch dem *königlichen Priestertum* der Gläubigen (1 Petr 2,9) entspringt. Nicht nur bei den „*Laien*“, sondern auch bei den Vorstehern müßte die Einzelhandlung als ein Vorgang außerhalb der Gemeinschaft, d. h. der Kirche, und damit als kraftlos gelten.

Die Kirche existiert und tritt als Ganzes auf; es gibt keine gesonderten Handlungen einer bestimmten, prädestinierten Gruppe, sondern nur Akte der Kirche in ihrer Ganzheit. Eucharistie und die Sakramente überhaupt sind nur in und durch die Kirche vollziehbar, d. h. in der Gemeinschaft des ganzen Volkes Gottes.

Die selbstverständlich gewordene Gruppierung bzw. Grenzziehung zwischen „*Klerus*“ und „*Laien*“ ist die Folge der Entfernung vom neutestamentlichen Dienstverständnis, das durch das *Amtsdenken* und eine *Weihetheologie* verdrängt wurde, die der paulinischen Bildwirklichkeit vom Leib widersprechen.

In der Kirche gibt es keinen ontologischen Ständeunterschied, sondern nur einen funktionalen Unterschied der verschiedenen Dienste im kirchlichen Organismus, der eine unzertrennliche Einheit vielfältiger Dienste aller Empfänger des einen Geistes darstellt:

> „Alles spendet der Heilige Geist.
> Die Gaben der Prophetie läßt er hervorquellen,
> vervollkommnet Priester,
> Unwissende hat er Weisheit gelehrt,
> Fischer zu Theologen emporgehoben,
> die ganze Einrichtung der Kirche fügt er zusammen.
> Ehre sei dir, mit dem Vater und dem Sohn
> wesensgleicher und mitthronender Paraklet.“

(Vespergesang am Pfingstsonntag)

IV. DAS OFFENBARTE MYSTERIUM

1. Das himmlische Gewand der Wahrheit

Mit tiefsinniger, lyrischer Ausdruckskraft beschreibt der byzantinische Dichter in einem Lied zum Fest der heiligen Väter des ersten ökumenischen Konzils das einzigartige Bemühen der Kirche, das geoffenbarte Mysterium, den Glauben als ein existentielles Phänomen zu verkünden und mit Kategorien aus dem Bereich der menschlichen Logik, sie übersteigend, darzulegen:

„Die Botschaft der Apostel
und die Lehren der Väter
sicherten der Kirche den einen Glauben,
die, das Gewand der Wahrheit tragend,
das von der himmlischen Theologie gewebte,
lehrt recht und verherrlicht
das große Mysterium der Frömmigkeit."

Die Ausdrucksformen und Mittel, deren sich die Kirche zur Darlegung des geoffenbarten Glaubensinhalts bediente, sind aus derselben Kulturwelt entnommen, an die sie auch ihre Botschaft richtete, die jedoch nicht von dieser Welt ist. Gerade darin liegt aber die bewundernswerte Leistung der in der Orthodoxie hochgeschätzten *Vätertheologie,* die in souveräner Weise das hellenisch-antike Denkinstrumentarium ihrer Zeit in den Dienst der Verkündigung und Darlegung der christlichen Wahrheit stellte, zugleich jedoch, im Gegensatz zum intellektualistischen Vorgehen der Häretiker, die darin liegende Gefahr des griechischen Philosophierens überwand und somit zwischen christlicher Wahrheit und griechischem Denken eine Synthese schuf, die Ausgangsbasis und Kennzeichen der gesamt-byzantinisch-ostkirchlichen Theologie ist. Es liegt ein Mißverständnis vor, wenn man diese Leistung negativ beurteilt und aus einem intellektualistischen Verständnis des Christentums mit *Adolf von Harnack,* dem berühmten evangelischen Theologen, das christliche Dogma als ein Produkt ,,der Hellenisierung des Christentums im großen Stil" ansieht. Denn die Dogmenbildung ist, wie die Geschichte der ökumenischen Konzilien zeigt, kein rein menschlich-intellektueller Prozeß, der in sich die Gefahr einer Verfälschung der göttlichen Wahrheit birgt, sondern ein gott-menschlicher Akt der Inkarnation der Wahrheit, der es dem Menschen ermöglicht, zum göttlichen Mysterium aufzusteigen.

In diesen Dienst stellen die Väter auch die Philosophie: ,,Mit Hilfe der Philosophie", sagt *Gregor von Nazianz* († um 390), ,,steigen wir von der Welt zu Gott empor; mit dem Irdischen erforschen wir das Himmlische; mit dem Unbeständigen und Wandelbaren erobern wir das Beständige und Unvergängliche" (PG 36, 512 C).

Der Theologie gelingt dieser Aufstieg im Wandel der Zeit, indem sie nicht das Gewand des Neuplatonismus, Aristotelismus, Existentialismus oder auch des Marxismus trägt, sondern ihr ,,himmlisch gewebtes", das eine Vollendung des menschlichen Intellekts, ein Übersteigen seiner Grenzen im Lichte des Heiligen Geistes bedeutet. Die Überwindung des Intellektualismus ist Grundvoraussetzung für die Teilhabe am Mysterium, an der Wahrheit als einer existentiellen, konkreten Wirklichkeit des Transzendenten.

Der Aufforderung ihrer Zeit haben die großen Väter, die eine hohe Bildung besaßen, voll entsprochen, indem sie den Dialog mit dem Zeitgeist auf einem gemeinsamen, intellektuellen Boden, auf dem sie sich heimisch fühlten, aufnahmen und auf ihn gestaltend einwirkten. Sie schufen mit ihrer souverän-kri-

tischen Aneignung der griechischen Philosophie eine Theologie, die nicht bei den Begriffen, bei der Wahrheit als Produkt abstrakter Erkenntnis blieb. Das Ergebnis des christlichen Philosophierens, meint *Gregor von Nazianz* mit offensichtlichem Bezug auf die bedeutenden philosophischen Richtungen der Antike, sind weder Phantasie-Staaten – gegen *Platon* –, noch Kategorien, Analysen und Synthesen – gegen *Aristoteles* –, noch formale Logik – gegen die *Stoa* –, noch Linien, die nirgends liegen, noch Verflechtungen und Formen von Gestirnen – gegen die *Astrologie* (PG 35, 1205 B).
Das Ziel der Theologie ist metaphysisch-existentiell ausgerichtet, auf ein neues Leben, auf eine Erkenntnis, die keine gedanklich-abstrakte, sondern eine personale Beziehung zu Gott bedeutet. Diese Eigenart der orthodoxen Theologie bekräftigt auch die Tatsache, daß die Kirche den Beinamen Theologe nicht etwa ihrem großen Dogmatiker, *Johannes Damaskenos* († um 750), beigelegt hat, sondern drei anderen Heiligen, bei denen Mystik die Vollendung aller Theologie ist: dem Lieblingsjünger *Johannes,* der, wie *Origenes* sagt, „im Schoß des Hirten ruhte wie der Herr im Schoß des Vaters", *Gregor von Nazianz,* dem „Sänger der Dreifaltigkeit", und schließlich *Symeon dem Neuen Theologen,* für den Theologie die Gottesschau ist und die Vision des Göttlichen als Garantie der Gotteserkenntnis gilt.

2. In-der-Wahrheit-Sein

Die Mitteilung der *Heilsbotschaft* erfolgte in der Person Christi primär durch Taten und wird ebenso in der Kirche als sein Leben aktualisiert. Sein Evangelium ist nicht abstrakte Lehre, sondern ein Ereignis, das durch seine Menschwerdung eingeleitet wurde. Der Eintritt Gottes in die Menschheitsgeschichte bedeutet nicht Vermittlung von neuen spekulativen

Erkenntnissen über Gott, sondern einen Einbruch, der die Sohn-Vater-Beziehung zwischen Mensch und Gott herstellt: „Denen, die ihn aufnahmen, gab er Macht, Kinder Gottes zu werden" (Joh 1,12). Das Verhältnis des Menschen zu dieser *Ereignis-Botschaft* ist kein intellektuelles, sondern ein existentielles, denn sie bedeutet weder eine Vertiefung der hellenistischen „Gnosis" noch eine Bereicherung des jüdischen Gesetzes, sondern neues Leben, an dem der Mensch als Teilhaber des Mysteriums Gottes in einer neuen Lebensweise partizipiert.

Die göttliche Wahrheit als fleischgewordene Wirklichkeit (Joh 14,6) läßt sich nicht abstrakt erfassen, sondern in einem unaufhörlichen Fleischwerdungsprozeß in der Gemeinschaft der Glaubenden erfahren. Von dieser „*Erkenntnis*" spricht Jesus in seinem *hohenpriesterlichen Gebet:* „Gerechter Vater, die Welt hat dich nicht erkannt, ich aber habe dich erkannt, und diese haben erkannt, daß du mich gesandt hast. Ich habe ihnen deinen Namen kundgemacht und werde ihn kundmachen, damit die Liebe, mit der du mich geliebt hast, in ihnen sei und ich in ihnen" (Joh 17,25f).

Daher besteht christlicher Glaube nicht primär in der Annahme festgelegter dogmatischer Definitionen, die zudem eine Einengung und einen gewissen Verlust der Lebendigkeit des Glaubens bedeuten, sondern vor allem in der Teilnahme an dem in der Kirchengemeinschaft gelebten Glauben. Die Erfahrung der Wirklichkeit des Heilsgeschehens in der Gemeinschaft bedeutet „*Erkenntnis*" der christlichen Wahrheit, „denn das Reich Gottes besteht nicht im Wort, sondern in Kraft" (1 Kor 4,20).

Dies erklärt die orthodoxe Eigenart, daß nicht Bekenntnisschriften und gelehrte dogmatische Handbücher den Ort darstellen, an dem man die Lehre, den Geist der orthodoxen Kirche erfahren und studieren kann, sondern an erster Stelle die *Liturgie* im weitesten Sinne, vor allem die eucharistische Liturgie, in der die Gemeinde der Heilsökonomie und der gottgeoffenbarten Wahrheiten auf sakramentale Weise teilhaftig wird.

Die Wahrheit des Heilsmysteriums als eine erlebte Wirklichkeit kann nicht kategorial, sondern erfahrungsmäßig in der Kirchengemeinschaft als *In-der-Wahrheit-Sein* erfaßt werden. Daher wurde sie auch zunächst nicht in philosophischen Denkkategorien dargelegt, sondern primär in *doxologisch-liturgischen Bekenntnisäußerungen.* Darin liegt gerade ein wesentlicher Unterschied zwischen philosophischer Spekulation, menschlichem Suchen nach der Wahrheit und theologischer Explikation des geoffenbarten Mysteriums, die in einer *Doxologie* gipfelt. Christliche Wahrheit hängt nicht von der Aufstellung von Regeln und Doktrinen ab, die nachzuvollziehen sind, sondern umgekehrt, ihre Artikulierung vom Erleben der Wahrheit in der Gemeinschaft.

Diese Rückbindung des theologischen Denkens an die Erfahrung hebt *Maximos der Bekenner* († 662) in einer scharfsinnigen Unterscheidung hervor: „Die eine Art der Erkenntnis, die auf Begriffen und Denken beruht, hat die Macht, Sehnsucht nach der voll verwirklichten Erkenntnis in Teilnahme zu erwecken; die andere, voll wirkliche, die in Teilnahme durch Erfahrung die Wahrnehmung des Erkannten bietet, hebt die auf Begriff und Denken ruhende Erkenntnis auf" (PG 90, 621 D).

Daraus läßt sich schließlich auch das Phänomen erklären, daß in der orthodoxen Kirche infolge des starken Bewußtseins der Gegenwart Christi in der eucharistischen Gemeinschaft weder das starke Bedürfnis nach dogmatischer Artikulierung des Glaubens noch die Herausstellung von Rechtsautoritäten vorhanden sind. Diese Eigenart des Ostens wird völlig ignoriert, wenn immer wieder die Tatsache, daß dort die begrifflich-dogmatische Fixierung der Glaubenswahrheiten nicht so stark entwickelt wurde wie im Westen, damit erklärt wird, daß die orthodoxe Kirche nur sieben ökumenische Konzilien anerkennt. Der Osten zeigt überhaupt eine Ehrfurcht vor dem Mysterium, auf dem sich die Gemeinde aufbaut und das sie zugleich darstellt. So überläßt er z. B. das *Mariageheimnis* der betenden Frömmigkeit, die auch ohne *mariologische Dogmen* orthodox bleibt.

3. Nicht-Wissen als wahres Wissen

In dem theologischen Prinzipienstreit, der im 14. Jahrhundert zwischen dem kalabrischen Mönch *Barlaam*, der durch seine Herkunft der westlichen Theologie zugeneigt war, und dem Athosmönch und späteren Bischof von Thessaloniki *Gregor Palamas* ausgetragen wurde, zeigte sich in aller Schärfe der Unterschied in der theologischen Entwicklung im Osten und Westen. Während sich *Barlaam* als Bewunderer der *Scholastik* in seiner Beweisführung einer rationalen Theologie bediente, entwickelte *Palamas* aus einer apophatischen Geisteshaltung heraus die ,,*Theologie der Gottesschau*".
Palamas stand auf dem Boden der östlichen Tradition, in der Erkenntnis des geoffenbarten Mysteriums als ein Geschenk Gottes und nicht als ein Erfolg der autonomen Logik gilt. Der menschliche Verstand steht fassungslos vor dem göttlichen Mysterium; er befindet sich, nach einem beliebten Bild der Kirchenväter, vor einem gähnenden Abgrund und wird von Schaudern ergriffen. Das Wort des *Sokrates:* ,,Eines weiß ich: daß ich nichts weiß" geht in verschiedenen Variationen wie ein roter Faden durch die ganze östliche Theologie: ,,In den göttlichen Dingen", meint *Kyrill von Jerusalem* († 386), ,,ist ein großes Wissen, das Nicht-Wissen zu gestehen" (PG 33, 541 A). Die Vätertradition faßt *Johannes Damaskenos* zusammen, wenn er formuliert: ,,Das Göttliche ist unendlich und unfaßlich, und das einzige, was an ihm faßlich ist, ist seine Unendlichkeit und seine Unfaßlichkeit" (PG 94, 800 A).
Die Agonie des Menschen, der in seinem Drang, Gott zu er-

kennen, an die Grenze seiner Existenz stößt, veranschaulichen die Väter an der bekannten *Exodusszene:* Der innige Wunsch *Moses'*, Gott von Angesicht zu Angesicht zu schauen, läßt sich nicht erfüllen, denn kein Mensch kann Gott schauen, ohne zu sterben (Ex 33, 13.20). Der Versuch des Menschen, Gott als eine objektivierte Größe in Denkkategorien zu erfassen, bedeutet eine Lebensgefahr, den Absturz in die Finsternis der Unwissenheit und den Rückfall in den Götzendienst.

Daß der aus einer „Wolkensäule" heraus sprechende, unsichtbare Gott (Ex 33,9) in seinem Wesen unfaßbar bleibt, liegt eigentlich nicht in der Begrenztheit der menschlichen Erkenntniskraft, sondern in der Natur Gottes, in seiner Unendlichkeit, die begrifflich nur aspekthaft, als ein Funke aus dem Sonnenlicht, erfaßt werden kann. Denkversuche und begriffliche Definitionen des Transzendenten bedeuten eine Begrenzung des Grenzenlosen, dessen Transzendenz alles begriffliche Denken übersteigt. *Gregor von Nyssa* (PG 44, 377 A) spricht sogar unter Hinweis auf den Wesensunterschied zwischen Schöpfer und Geschöpf auch geistigen Wesen, da auch sie zur Schöpfung gehören, die Fähigkeit ab, das Wesen Gottes zu erkennen – „Gott hat niemand jemals geschaut" (Joh 1,18).

Und doch kann der Mensch zur Schau Gottes gelangen, zu einer „*Erkenntnis*", die Ausfluß einer Liebe ist, die den menschlichen Verstand übersteigt: „Der eingeborene Sohn, der im Schoß des Vaters ruht, er hat uns Kunde gebracht" (ebd.). Die Menschwerdung Gottes schlägt die Brücke zum gedanklich Unerreichbaren, denn, „wer mich [Jesus] gesehen hat, hat den Vater gesehen" (Joh 14,9). Jeder andere Weg zu ihm ist aussichtslos. Die Antwort Jesu ist unmißverständlich: „Niemand kommt zum Vater denn durch mich" (ebd. 6).

Dieser *Erkenntnisprozeß* ist kein menschlich-intellektueller Akt, sondern ein Akt der göttlichen Liebe als ein Von-Gotterkannt-Sein (Gal 4,9). Er ist kein selbständiger gedanklicher Aufflug, sondern ein Erlebnis, das die Schwäche und Begrenztheit des menschlichen Verstandes überwindet. Man bleibt nicht der hilflose Betrachter der Unendlichkeit Gottes und seines geoffenbarten Mysteriums, sondern man wird Teilhaber in einer mystischen Union, in der der Mensch *theophoros* wird, Gott trägt und von Gott getragen wird, ihn erfaßt und von ihm erfaßt wird.

,,Wer Gott nicht gesehen hat", sagt *Euagrios* († 399), der erfahrene Asket aus Pontus, ,,kann nicht von ihm sprechen" (Kephalaia gnostica V,26). Deswegen gibt es nach *Symeon dem Neuen Theologen* ,,kein anderes Mittel, Gott zu erkennen, als in ihm zu leben". Diese Verquickung von Dogma und Spiritualität in der orthodoxen Theologie stößt auf Skepsis und Kritik bei westlichen Theologen, die in dieser *,,mystischen Theologie"* die unberechenbare, unkontrollierbare Eingebung des Theologen an Stelle des nüchternen Denkens vorherrschen sehen. ,,Im Unterschied zu unserer streng wissenschaftlichen und rationalen Theologie", schrieb jüngst ein katholischer Theologe (Stuttgarter Bibelstudien 81, S. 5), ,,ist das orthodoxe theologische Denken eher intuitiv". Was für eine simple Gegenüberstellung: hier die Ratio, dort die Schwärmerei und Gefühlsduselei!

Theologie als ein wissenschaftlich-diszipliniertes Fragen nach Gott ist aber den oben angeführten Vätern nicht fremd. Im Gegenteil, mit ihrem Beitrag hat die Kirche die fundamentalen Wahrheiten ihres Glaubens durchdacht und begrifflich, nach strengen logischen Kriterien, artikuliert. Das von diesem Geist der Väter inspirierte, liebenswürdige Buch *V. Losskys* ,,Die mystische Theologie der morgenländischen Kirche" – um einen orthodoxen Theologen unserer Zeit zu nennen – stellt alles andere als ein Dokument ekstatischer Aufwallungen dar.

Mystische Theologie bedeutet kein Verneinen des Denkens und Verstehens. Wenn *Johannes Chrysostomos* († 407) ausruft: „Ein wahres Wissen gibt es, das Nicht-Wissen“ (PG 55,459), meint er keinen Abfall in den Agnostizismus, sondern Überwindung des philosophischen Gnostizismus, Befreiung des Menschen von den Zwängen der menschlichen Vernunft, in deren Licht das geoffenbarte Mysterium ein Ärgernis und eine Torheit ist (1 Kor 1,23).

Das Eintreten in das Dunkel Gottes, der Licht ist, bedeutet *Erkenntnis,* die nicht *Denken,* sondern *Liebe* ist als eine dem Denken überlegene Stufe. In dieser Höhe, sagt *Gregor von Nyssa,* „wird die Erkenntnis Liebe“ (PG 46, 96 C). Für denjenigen, der die Liebe erreicht, d.h. in sich verwirklicht hat, „ist die Finsternis vergangen, und das wahre Licht leuchtet schon“ (1 Joh 2,8). Die göttliche Liebe hat die Finsternis der Unwissenheit zerstreut: „In ihm war Leben, und das Leben war das Licht der Menschen“ (Joh 1,4). Diese enge Verkettung von Leben – Licht – fleischgewordenem Logos besingt die orthodoxe Kirche im bekannten christologisch-doxologischen Vespergesang „*Phos hilaron*“:

„Heiteres Licht
heiliger Glorie
des unsterblichen Vaters,
des himmlischen, heiligen, seligen,
Jesus Christus;

angelangt am Sonnenuntergang,
schauend das Abendlicht,
preisen wir
Vater, Sohn und Heiligen Geist,
Gott.

Würdig, dich zu aller Zeit
zu preisen mit frohen Stimmen,
Sohn Gottes,
der du das Leben schenkst;
darum verherrlicht dich das Weltall.“

4. Bildtheologie – ostkirchliche „Entmythologisierung"

Bezeichnenderweise feiert die orthodoxe Kirche am ersten Sonntag der großen Fastenzeit vor Ostern den endgültigen Sieg der Ikonen (843) als „*Fest der Orthodoxie*", d. h. verknüpft mit dem Triumph der *Orthodoxie* über die *Häresie.* Zwar hat die Westkirche im letzten ökumenischen Konzil, 787 im *Zweiten Nizänum,* die Entscheidung zugunsten der Bilderverehrung mitgetragen, doch die zugrunde liegende Geisteshaltung und theologische Denkweise des Ostens sind ihr fremd geblieben. Einen schockierenden Beleg für das Unverständnis des Westens liefern die aus der theologischen Umgebung *Karls des Großen* stammenden *Libri Carolini,* die das Zweite Nizänum ablehnten. *Karl* ließ sogar in der *Frankfurter Synode* von 794 den Bilderkult verurteilen.

Während das germanische Denken nur einen *dinglichen Realismus kannte,* der zur Anwendung einer Art *positivistischer Metaphysik* in der Theologie führte, operierte die *Osttheologie* auf der Grundlage des antiken *Bilddenkens* in einem ihr eigentümlichen Verstehenshorizont, in dem die positivistische Wirklichkeitsvorstellung durch den symbolischen Realismus überwunden wird.

Die „*Bilderstürmer*" aller Zeiten errichten an Stelle des Bildes ein kategoriales Gerüst, auf dem sie bei ihren Bemühungen, in das Göttliche vorzustoßen, eine gefährliche Akrobatik betreiben. Sie verzichten auf das greifbar-faßbare Bild zugunsten der strengen Logik, mit deren Hilfe allein der menschliche Verstand in die geistige Welt einzudringen vermöge. Sie pressen das Unfaßbare in Denkkategorien, die aus dem Bereich eines objektiv logisch verständlichen Realismus stammen, und fallen damit einer verhängnisvollen Mythologisierung der geoffenbarten Wahrheit anheim, was sie gerade vermeiden wollen. Sie versuchen, das Unbegreifliche in einer Weise begrifflich faßbar und mitteilbar zu machen, die die Unendlichkeit des Transzendenten zerstört. Mit einem kategorialen Denksystem, sagt *Gregor von Nyssa* (PG 44, 377 B), verkündet man nicht Gott, der jenseits der menschlichen Begriffs- und Vorstellungskraft liegt, sondern man schafft Götzenbilder.

Die aus der menschlichen Vorstellungswelt stammenden Bezeichnungen des Göttlichen müssen entmythologisiert werden, damit der Weg zu ihrem Sinngehalt frei wird. Die Namen *Logos* oder *Sohn Gottes* z.B. für die zweite Person der göttlichen Dreifaltigkeit müssen als *Symbolbegriffe* aufgefaßt werden, wenn man zu der in diesen Begriffen enthaltenen Wahrheit gelangen will, denn als Kategorien der innerweltlichen Wirklichkeit rücken sie das Göttliche in eine Dimension, in der ihm weder das Seiende, noch das Nichtseiende zukommt. „Es müssen", meint *Maximos der Bekenner,* „beide Aussagearten in eigentlicher Weise auf ihn anwendbar sein und hinwiederum keine von beiden in eigentlicher Weise, das Sein nämlich und das Nichtsein" (PG 91, 664 B).

Der Gegensatz zwischen der Unfaßbarkeit des göttlichen Mysteriums in innerweltlichen Kategorien und seiner Verkündigung als eine Wahrheit der Heilserfahrung wird durch den *symbolischen Realismus* der *Bildtheologie* bewältigt, die eine Begriffswelt anderer Ordnung schafft, mit deren Hilfe die Sprachlosigkeit überwunden wird, das Unbeschreibbare und Unsagbare sagbar, mitteilbar wird, ohne seine Vollkommenheit und Unendlichkeit zu verlieren.

Die Bildtheologie vermag in den Bereich des kategorial Unbeschreibbaren einzudringen, indem sie das Symbol an der Wirklichkeit des Symbolisierten partizipieren läßt. Das Bild bzw. das Symbol ist nicht eine willkürliche Schöpfung des Bildners bzw. Denkers, sondern eine Wiedergabe des Originals, das im Bild ein empirisches Dasein erhält. Zwischen *Bild* und *Urbild* besteht eine Zusammengehörigkeit, eine Gemeinschaft, die in der Projizierung des Unsichtbaren in das wahrnehmbare Bild liegt. Das Bild trägt gewissermaßen sein Urbild, das *Symbol* das *Symbolisierte* in sich. Die Kirchenväter legen bei ihrer Bildtheologie besonderes Gewicht auf den offenbarenden und hinweisenden Charakter des Bildes, das in einer innigen Beziehung zum Urbild steht. Das Bild im ostkirchlichen Sinn ist nicht etwas, das aufgrund seiner Ähnlichkeit mit dem abgebildeten Gegenstand und der Ursprungsbeziehung an Stelle des Urbildes steht, sondern die Vergegenwärtigung der unsichtbaren Wirklichkeit; das Symbol offenbart die Wahrheit einer Wirklichkeit, die dem kategorialen Denken verschlossen bleibt.

Das Symbol fordert den Menschen auf, nicht bei der Symbolanalyse stehenzubleiben, sondern über die Sprachbarriere hinweg sich dem Symbolisierten zuzuwenden, um es in einem Erlebnisvorgang, in einer Begegnung mit der Wirklichkeit zu erfahren. Das Symbol selbst hat eigentlich keine eigene Existenz, es repräsentiert nur eine Wirklichkeit, die in ihm und nicht durch ein Denksystem erfahrbar wird. Die Erfahrung stellt sich ein, wenn der Mensch die mythische Sprachhülle des Symbols entfernt hat. Wer die Sprache des Symbols versteht, kann die Stimme der transzendenten Wirklichkeit vernehmen, ohne in das Wesen dieser Wirklichkeit einzudringen.

Die *Osttheologie* ist hier einen eigenen Weg gegangen, den im Westen nur Einzelgänger beschritten haben. Die westliche Theologie hat auch kein Verständnis entwickelt für eine Unterscheidung zwischen einem esoterischen und einem exoterischen Bereich, zwischen der dem Menschen verborgen bleibenden Wesenheit Gottes und seinen Energien, in denen er sich offenbart. Im energetischen Akt der Menschwerdung Gottes wird im Sohn die verborgene Natur des Vaters sichtbar. Die Energien Gottes ermöglichen uns den Übergang „aus der Finsternis in sein wunderbares Licht" (1 Petr 2,9) und fordern uns existentiell auf zur gnadenhaften Teilhabe an der wesenhaft unerreichbaren göttlichen Natur.

5. Dogma und Kerygma

Im allgemeinen Sprachgebrauch der Theologie versteht man unter dem griechischen Wort *Dogma* eine von der Kirche offiziell verkündete Lehrentscheidung, während *Kerygma* (griech. = Verkündigung, Verkündigtes) die im Namen Gottes erfolgende Manifestation der geoffenbarten Glaubenswahrheiten bedeutet.

In dieser geläufigen Gegenüberstellung erscheint das Dogma als ein Lehrsatz, der eine Glaubenswahrheit mit verbindlicher Autorität definitiv ausspricht. Die Dogmen der Kirche bilden demnach die Summe der christlichen Wahrheiten, die in einem gedanklich-kategorialen Vorgang artikuliert wurden.

Die kritischen Stimmen gegen ein solches *doktrinär-ideologisches Dogmenverständnis* haben sich in der letzten Zeit auch in nicht orthodoxen Kirchen vermehrt, denn dieses, wenn auch nicht althergebrachte Verständnis hat sichtbare, negative Spuren hinterlassen und bedeutet weiterhin eine zweifache Gefahr: zum einen die Fülle der Heilswahrheiten auf einige Lehrsätze zu begrenzen und zum anderen durch die Tabuierung der dogmatischen Definitionen die Lebendigkeit der Wahrheit, d.h. das schöpferische, freie Denken und Wirken um einer „sicheren" Formulierung und Kirchen„ordnung" willen zu ersticken.

Die Glaubenserfahrung aber erschöpft sich weder in der *Schrift* noch in den *dogmatischen Definitionen* der Kirche. Diese Dokumente des Glaubens und der Glaubens„sicherung" sind auch nicht die göttliche Botschaft selbst, sondern nur aspekthafter, zeitbedingter Ausdruck des geoffenbarten und in der Kirche erlebten Wahrheitsmysteriums, und zwar wie es die jeweilige Gemeinschaft der Heiligen in ihrem historischen Kontext erfahren und verstanden hat. Der Glaube ist eine Erfahrungswirklichkeit der glaubenden Gemeinschaft, die ihre Heilserfahrung primär in doxologischen Texten ihrer

Liturgie zum Ausdruck bringt. Daher singt auch die eucharistische Versammlung nach der Kommunion:

„Das wahre Licht haben wir gesehen,
den himmlischen Geist empfangen,
den wahren Glauben gefunden,
die unteilbare Dreifaltigkeit anbetend,
denn sie hat uns gerettet."

Die orthodoxe Theologie der pneumatologisch-eucharistischen Gemeinschaft bedingt eine gewisse Spannung zwischen lehramtlicher Verkündigung und Wahrheitsbestand. Der Übergang von der nicht schriftlich fixierten Glaubensüberlieferung, die von der Gesamtheit der Gläubigen erlebt wird und in ihrem Herzen „im Schweigen" lebt, zur artikulierten Lehre der Kirche ist ein unaufhörlicher Prozeß im menschlichen Bemühen, die in der Kirche zur Lebenserfahrung kristallisierte, geoffenbarte Wahrheit begrifflich darzulegen, um sie dem Menschen mit zeitlich bedingten Kategorien nahezubringen und möglichst treu das aktuelle Glaubensbewußtsein der Kirche auszudrücken, in der Gewißheit, daß die Wahrheit, die *aleteia (lete* = Vergessenheit) als das Werk des in der Kirche wirkenden Parakleten (Joh 14,16–18.26; 16,13) sich gegen den Irrtum behaupten wird.
Die begriffliche Fixierung der Offenbarungsinhalte als der Versuch der menschlichen Verstandeskraft, in die göttliche Unendlichkeit vorzudringen, kann niemals einen Absolutheitsanspruch erheben. Es sei denn, daß man die Anrufung des Heiligen Geistes im Konzil als einen Appell der Konzilsväter verstehen will, von der gottgesetzten Grenze ihrer menschlichen Verstandes- und Urteilskraft befreit zu werden. Der Beistand des von Jesus seiner Kirche verheißenen *Parakleten* bedeutet jedoch keine Ausstattung der menschlichen Erkenntnisfähigkeit der Amtsträger mit übernatürlichen Kräften, so daß die *Hierarchie* als ein *Orakel* wirkte.

Angesichts der in der Natur des Menschen liegenden Begrenztheit seines Verstandeshorizontes und der Unvollständigkeit seines Begriffsinstrumentariums hat die dogmatische Artikulierung der göttlichen Offenbarung einen Vorläufigkeitscharakter ohne den mindesten Anspruch auf Vollkommenheit, die eine eschatologische Verheißung ist: „Wenn aber das Vollendete kommt, dann wird das Stückwerk abgetan werden" (1 Kor 13,10).

Die Lehraufgabe der Kirche erschöpft sich aber nicht in der Formulierung dogmatischer Definitionen in einer Abwehrreaktion gegen den Irrtum bzw. in einer Abgrenzung gegen die Häresie, vielmehr ist sie Bestandteil ihrer Verpflichtung gegenüber dem Evangelium, der empfangenen Wahrheit, die sie immer neu, den Anforderungen der Zeit entsprechend, interpretieren und als eine Antwort auf die existentiellen Fragen des Menschen formulieren muß. Nur in diesem Verständnis kann das *Dogma,* d.h. als *Kerygma* im gebräuchlichen Sinn, seine Heilsfunktion erfüllen, indem es nicht als das Produkt einer doktrinären Institution erscheint, die mit Sanktionen und Verdammungsedikten die Wahrheit verteidigt, sondern als die Stimme Gottes, der Aufruf zur Verwirklichung des in der Kirche erlebten Mysteriums der Wahrheit.

Um diese *„dogmatische" Aufgabe* zu erfüllen, muß die Kirche den Dialog mit der Welt pflegen, sich ihr öffnen, ihre Fragen ernst nehmen, auf sie eingehen und aus der Fülle ihrer Heilserfahrung heraus und nicht aufgrund eines juridischen Systems *„von oben"* oder *„von unten"* eine Antwort geben. Dabei versteht sich von selbst, daß sie das dialogische Prinzip und die freie Meinungsäußerung am eigenen Leib praktizieren und zum Heil des Menschen ermutigen muß. Die Angst vor der *Häresie* kann für die Kirche eine größere Gefahr werden als die Häresie, indem zur „Sicherung" der Wahrheit jede unkonventionelle Initiative mit administrativen Maßnahmen im Keime erstickt wird. In der orthodoxen Kirche, die zum Ausgang und als Wurzel ihrer theologischen Spekulation das gemeinsame Erlebnis des Glaubens der Gemeinschaft hat, genießt die Theologie einen hohen Grad an Freiheit, die allerdings an die Gemeinschaft gebunden ist. Daher gilt nicht jede abweichende Meinung, so „unorthodox" sie auch klingen mag, gleich als Häresie, sondern der Verstoß gegen die Gemeinschaft, die der Häretiker mit seiner Absonderung zu zerstören droht, ebenso wie derjenige, der theologische Denkanstöße, die für die Gemeinschaft lebensnotwendig sind, leichtfertig im Namen einer „Orthodoxie" verurteilt.

6. Philanthropia – göttliche Menschenliebe

In all ihren Überlegungen versucht die orthodoxe Theologie von der Liebe her das göttliche Mysterium zu erfassen und das Unbegreifliche zu erkennen.

Dieser Primat der Liebe läßt sich exemplarisch in einer theologischen Streitfrage zeigen, in der *Rechtfertigungstheologie*, die von *Augustin* bis *Martin Luther* und auch heute noch in der westlichen Theologie intensiv diskutiert wird, und zwar mit Kategorien eines Denksystems, das der Orthodoxie fremd ist, die daher das „lateinische" Anliegen der *Reformation* im Rahmen ihrer eigenen, östlichen theologischen Denkweise nicht nachvollziehen kann.

Die angstvolle Frage *Luthers:* „Wie bekomme ich einen gnädigen Gott... ?" kann der Osten nicht nachempfinden, denn dort dominiert der Gedanke der Philanthropia. Die Inkarnation Christi stellt das höchste Mysterium göttlicher Menschenliebe dar. „Zugestandenermaßen ist groß das Geheimnis der Frömmigkeit" (1 Tim 3,16). Der Sohn Gottes „entäußerte sich" um des Menschen willen, „indem er Knechtsgestalt annahm und Menschen gleich wurde" (Phil 2,7) mit dem Ziel, die durch den Sündenfall zerstörte Gemeinschaft zwischen Schöpfer und Geschöpf wiederherzustellen.

Der *Sündenfall* besteht in der Ablehnung dieser Gemeinschaft, die aus der Liebe Gottes hervorging, als er den Menschen nach seinem Bild und Gleichnis (Gen 1,26) als ein freies, persönliches Gegenüber schuf. Darin liegt gerade auch die Tragik des Menschen, daß er die göttliche Macht der Freiheit, die ihm die Liebe Gottes schenkte, für die Abkehr von ihm und damit zu seinem eigenen Unglück einsetzte.
Dieses Ereignis hat die christliche Anthropologie seit ihrer Entstehung nicht aus den Augen verloren und immer wieder neue Interpretationsversuche unternommen. Dabei geht es in der orthodoxen Theologie weder um den *Zerstörungsumfang,* den das Bild Gottes erlitten hat, noch um die Verletzung des *Rechtsverhältnisses* zwischen Schöpfer und Geschöpf, sondern primär um den *Verlust der Gemeinschaft.* Durch seine Entfernung vom Urbild, das Licht ist, wurde das Bild, wie es die Kirchenväter bildhaft bezeichnen, „*verdunkelt*" und „*entstellt*". Der durch die Sünde verwundete Mensch ist nicht mehr der dialogische Partner Gottes, sondern der gesuchte Flüchtling, der die Stimme Gottes hört: „Adam, wo bist du?" (Gen 3,9).
Aus diesem *Sündenverständnis* heraus läßt sich auch die Strafe Gottes erklären, die keinen *egozentrischen,* sondern einen *anthropozentrischen* Charakter hat. Der Gedanke der göttlichen Liebe läßt keinen freien Raum für die Vorstellung eines Gerechtigkeit und Genugtuung suchenden Gottes, der den Menschen deswegen bestraft. Daher hat die orthodoxe Theologie auch den logisch-juridischen Versuch der *Scholastik,* die Menschwerdung Gottes zu begründen, nicht unternommen. Die bekannte *Satisfaktionstheorie,* das Opfer Christi sei von Gott als stellvertretende Genugtuung für die erlittene Beleidigung der Sünde angenommen, stellt ein Denkgebäude dar, das auf dem innerweltlich-menschlichen Begriff der Gerechtigkeit aufbaut und nicht auf der Liebe, die der gerechte Gott ist.
Das Mysterium der „Entäußerung" Gottes läßt sich aber

auch nach den Gesetzen der Logik nicht als ein Genugtuungsakt interpretieren, denn sie ist auf den Menschen und die Gesamtschöpfung überhaupt ausgerichtet, die ihre Wiederherstellung *(apokatastasis)* erfährt. Der Tod Christi restauriert nicht etwas an der vollkommenen Gottheit, sondern ihre Schöpfung, die in ihrem Urzustand wiederhergestellt wird. Das *Kreuz* ist nicht ein *Zeichen der Gerechtigkeit,* sondern der *Hoffnung* und der *Erneuerung.* „Trophäe Christi ist das Kreuz", sagt *Johannes Damaskenos,* „... eine allmächtige Kraft, ein unsichtbarer Pfeil, ein immaterielles Heilmittel, eine Schmerz stillende Wunde, schmählicher Ruhm ... Christus ist gekreuzigt, und wir werden für immer genährt, auch gesättigt verlangen wir wieder, und wir begehren, nachdem wir von neuem bekommen, und noch mehr ist der Rest ... Heute am sechsten Tag, ist Adam gebildet; heute hat er göttliche Gestalt angenommen ... Heute hat er das Paradies verloren; heute ist er wieder eingeführt" (PG 96, 589 A – C).
Hier zeigt sich deutlich, wo der spezifisch osttheologische Akzent bei der Betrachtung des Erlösungswerkes Christi liegt. Während in der lateinischen Soteriologie mehr unter juridischem Aspekt die Wiederherstellung des Mensch-Gott-Verhältnisses hervorgehoben wird, sehen die griechischen Väter die aus der Erlösung hervorgehenden Konsequenzen für den Menschen, der seine Neugeburt und Vergöttlichung erfährt.
Dies erklärt auch den besonderen Glanz, mit dem die orthodoxe Kirche die *Auferstehung Christi* feiert, denn sie bedeutet die Realisierung des Endziels des nach dem Bilde und Gleichnis Gottes geschaffenen Menschen, dem erneut die Chance zur ewigen Gottgemeinschaft gegeben wird. Die Siegesfreude und die Zuversicht in einer von der Liebe Gottes erfüllten Dimension spricht aus allen Osterliedern, die Tod und Auferstehung Christi eng miteinander verbinden, wie auch aus der österlichen Volksfrömmigkeit.
Die Antwort des Menschen auf dieses Geschehen besteht in

seiner Rückkehr zu Gott, die Wiedergewinnung der eigenen Existenz bedeutet. Dieser menschliche Beitrag versteht sich nicht als Verdienst, als Rechtsanspruch aufgrund einer Leistung, die eine Belohnung verlangt. Daher sind auch die *Heiligen* nicht ein investiertes Kapital, das die Kirche als gewinnbringendes himmlisches Guthaben verwaltet, sondern die Zeugen der gott-menschlichen Gemeinschaft, die angestrebt wird und zu der die Liebe Gottes alles hinführt.

Den *Apokatastasisgedanken* (Wiederherstellung des Ganzen), den *Origenes* († 254) formuliert hat, hat zwar die Kirche verurteilt, doch der Osten ist von dieser aus der unendlichen Liebe Gottes herrührenden Vorstellung nie ganz weggekommen. Auf die Fülle göttlicher Liebe und Gnade, die jeden Gedanken von Abrechnung und Genugtuung verdrängt, weist *Johannes Chrysostomos* in einer Rede hin, die am Ende des Ostergottesdienstes verlesen wird: „... Denn da der Gebieter freigebig ist, nimmt er den letzten ebenso auf wie den ersten... Gegen den zuletzt Gekommenen ist er gnädig, und den ersten behandelt er freundlich. Dem einen gibt er, und den anderen beschenkt er...“.

7. Oikonomia – ein Prinzip der Freiheit

Das Heilswerk Christi, dessen Eintritt in die Geschichte die ewige und unendliche Liebe Gottes offenbart, wird in der Kirche als seine fortwirkende Vergegenwärtigung aktualisiert. Menschwerdung, Wirken, Tod und Auferstehung Christi sind eine „Oikonomia des Geheimnisses, das seit den Weltzeiten in Gott, der alles geschaffen hat, verborgen war. Jetzt aber soll ... durch die Kirche die vielgestaltige Weisheit Gottes kundgetan werden“ (Eph 3,9f).

Der neutestamentliche Begriff *Oikonomia* (Heilsordnung, Heilsplan), der im eigentlichen Sinne Verwaltung, Bewirtschaftung eines Hauses bedeutet, wird in der orthodoxen

Kirche angewandt zur Bezeichnung eines kirchlichen Handelns, das sein Vorbild in der göttlichen Heilsökonomie hat. Die „Bewirtschaftung" des Heils, das der Welt in Christus zuteil wurde, hat er selbst seiner Kirche anvertraut, denn er hat seine Sendung – „die Welt zu retten" (Joh 12,47) – den Aposteln übertragen: „Wie mich der Vater gesandt hat, so sende ich euch" (Joh 20,21).

Die Kirche stellt die kontinuierliche historische Wirklichkeit der *göttlichen Oikonomia* dar, die sich in der Heilsgeschichte als Verwirklichung des göttlichen Mysteriums der Liebe konkretisiert. Die in Christus offenbarte Liebe Gottes bestimmt daher die Natur des kirchlichen Wirkens in der Welt, das ein Abbild der göttlichen Heilsökonomie, der Philanthropia Gottes ist, die ihre ausdruckvollste Manifestation in der Hingabe des Sohnes für die Welt erfährt.

Diese Parallele liegt jeglichem theologischen Versuch zugrunde, die *kirchliche Oikonomia* zu beschreiben, die letztlich als Ausdruck der Liebe undefinierbar bleibt. So schreibt der Patriarch von Konstantinopel *Nikolaos Mystikos* († 925): „Die Oikonomia ist eine heilsame Nachsicht, die den Sünder rettet, ihm eine rettende Hand reicht, den Gefallenen von seinem Fall aufrichtet, die es nicht erlaubt, ihn am Boden liegen zu lassen oder sogar in einen erbärmlichen Abgrund hinabzustürzen. Die Oikonomia ist eine Nachahmung der göttlichen Menschenliebe, indem sie dem Rachen des gegen uns wütenden Tieres den entreißt, der durch diesen unheilvollen Mund hätte verschlungen werden sollen" (PG 111, 212 D f).

Aus dieser Gegenüberstellung ergibt sich, daß die *Oikonomia* eigentlich nicht als eine kirchenrechtliche Kategorie, als eine kanonische Verhaltensregel für Ausnahmefälle zu verstehen ist, sondern als die übernatürliche Gabe, mit der Christus seine Kirche zum Heil des Menschen ausgestattet hat.

Im allgemeinen kirchlichen Sprachgebrauch wird allerdings die *Oikonomia* in Verbindung zur *Akribeia* (Genauigkeit) gesetzt, die das reguläre Handeln der Kirche bedeutet, d. h. das

Handeln gemäß der genauen kirchlichen Ordnung, das in bestimmten Ausnahmefällen von dem vorgeschriebenen gesetzlichen Weg abgeht und Oikonomia, d.h. Nachsicht walten läßt. *Oikonomia* und *Akribeia* erscheinen hier als zwei *äquipolente Begriffe* des Kirchenrechts, das die Handlungen der Kirche regelt.

In diesem Sprachgebrauch spiegelt sich eine verhängnisvolle Entwicklung in der Kirche wider, die in einer Zeit der Verarmung an prophetischen und charismatischen Gestalten das Gesetz zur Grundlage ihres Handelns erklärt hat, von dessen Fluch Christus uns befreit hat (Gal 3,13). Das Vorherrschen des *Gesetzesdenkens* bedeutete eine Neugeburt eines Zustandes, den die Liebe Gottes aufgehoben hat, indem sie den Menschen von den Fesseln des Gesetzes befreite und zum freien, mündigen und vernunftgemäßen Handeln in Liebe berufen hat.

Diese *Freiheit* bedeutet freilich nicht Gesetz- und Disziplinlosigkeit, denn der befreite Mensch steht unter der Ordnung Christi, die sein Leben bestimmt. Dies ist aber keine Gesetzesordnung, sondern der Ausdruck der Liebe, die alles daransetzt, um das Heil des Menschen, die Erfüllung der göttlichen Liebe, zu verwirklichen. Jegliche kirchliche Handlung, ob nach der Kirchenordnung oder unkonventionell, d.h. in Abweichung von ihr, steht unter derselben Maxime, die, wie alle Kirchen in ihrem gemeinsamen Glaubensbekenntnis beten, Christus vorzeichnete: „Unseretwillen und unseres Heiles willen ist er vom Himmel herabgestiegen".

Um dieses Heiles willen ist es der Kirche nicht nur erlaubt, von der strengen Einhaltung der kirchlichen Vorschriften abzuweichen, sondern sie ist dazu verpflichtet, denn sie ist die Herrin der Kirchenordnung, die zu ihrer Grundlage die Liebe hat, die alle Menschen in die Herrlichkeit Gottes führen will. Dieser Gedanke geht durch die ganze *Patristik* und *Osttheologie,* und es wäre ein Unding, zu behaupten, daß die *Oikonomia* als ein Fall von „*Pflichtverletzung*" angesehen werde, wie jüngst ein westlicher Theologe (Ostkirchliche Studien 24 [1975] 17) unter Hinweis auf *Kyrill von Alexandrien* († 444) schrieb.

Das „Weiden" mit Vollmacht und nach einer Ordnung erfolgt nicht nach dem Prinzip des Gesetzes, das die Menschlichkeit und Freiheit zerstört, sondern der Liebe, die zum freien, menschgerechten Handeln auffordert.

So gesehen ist *Oikonomia* kein kirchenrechtlicher Begriff, sondern ein pastoral-soteriologisches Prinzip kirchlichen Handelns, zu dem auch die *Akribeia* als ein untergeordneter Begriff gehört. Die in der Oikonomia erfolgende Abweichung vom Gesetz macht nicht ihr Wesen aus, sondern sie ist die kirchenrechtliche Folge der kirchlichen Vollmacht, die aus Liebe zum Menschen nicht gesetzlich, sondern nach dem Gesetz der Freiheit handelt.

Westliche Theologen werden bei der Betrachtung der *Oikonomiaanwendung* in der orthodoxen Kirche irritiert, denn sie stellen fest, daß oft gleichgelagerte Fälle, die sie als Präzedenzfälle mißverstehen, unterschiedlich behandelt werden. Sie verkennen, daß die Oikonomia immer auf konkrete Einzelfälle absieht, auf die Heilszuwendung Gottes an den bestimmten Menschen und sie daher im Unterschied zum *Dispenswesen* der katholischen Kirche, das eine juridische Institution ist, nach Art und Ausmaß geregelt (vgl. Codex Iuris Canonici), in ihrer jeweiligen Anwendung einmalig ist, indem sie eine situationsgerechte Lösung sucht, die nicht nur die Schranken des Gesetzes sprengt, sondern auch den menschlichen Verstand übersteigt. Das ist die Macht der Liebe, die hier zugrunde liegt.

Nach den Gesetzen der Logik und des Kirchenrechts müßte aus der Überzeugung der Orthodoxen, daß ihre Kirche die ungeteilte Kirche Christi ist und daß es außerhalb der Kirche kein Heil gibt, die zwar logisch richtige, theologisch jedoch unverantwortliche Schlußfolgerung gezogen werden, daß der größte Teil der Christenheit der göttlichen Gnade verlustig gegangen wäre. Was für ein „*logischer*" *Nonsens!* Was für eine kleinherzige Engstirnigkeit, von den „Grenzen der Kirche" zu reden und dabei die göttliche *Oikonomia* derart zu knebeln, daß die *Philanthropia* Gottes grausam verstümmelt wird. Logisch-kanonisch kann es ebenso nur eine gültige Eucharistie geben, denn es gibt nur einen Christus. Welcher orthodoxe Theologe könnte aber jegliche Eucharistiefeier außerhalb der „Grenzen" seiner Kirche als unwirksam erklären, wenn er an die göttliche Philanthropia und die Worte des Herrn denkt: „Wenn ihr das Fleisch des Menschensohnes nicht essen und das Blut nicht trinken werdet, habt ihr kein Leben in euch" (Joh 6,53).

Die *ökumenische Relevanz* der *Oikonomia,* die Ausdruck des orthodoxen Kirchenverständnisses ist, daß die Liebe das organische Prinzip der Kirche ist, mit dem sie die Schranken der menschlichen Unzulänglichkeit überwinden kann, ist ungeheuer groß. In diesem Bewußtsein räumt die Oikonomia-Vorlage, die für das künftige Konzil der orthodoxen Kirche angefertigt wurde, der ökumenischen Problematik einen verhältnismäßig breiten Raum ein, und zwar unter ausdrücklichem Hinweis auf das *Prinzip der Freiheit:* „... All dies zeigt nicht nur, daß unsere Heilige Orthodoxe Kirche ein sehr großes Maß an Freiheit bei der Anwendung der Oikonomia zu den ihr gegenüber außenstehenden Brüdern in Christus besitzt, sondern daß diese Oikonomia in der Orthodoxie – maßvoll angewendet und in Liebe ausgedehnt auf alle (bei denen, wenn und sooft es angezeigt ist) – auch die künftigen Beziehungen der Orthodoxen Kirche zu den anderen Kirchen und Konfessionen ordnen wird" (Übersetzung aus dem griechischen Original. Deutsche Übersetzung der Oikonomia-Vorlage in: Una Sancta 28 [1973] 93–102; Zitat 101).

V. GELEBTES MYSTERIUM

1. Liturgie – christliche Selbsthingabe

Aus der Sicht eines außenstehenden Betrachters erscheint die orthodoxe Kirche mit ihrer reichhaltigen weihevollen Kulttradition, den imposanten Zeremonien und Frömmigkeitsbräuchen als eine Gemeinschaft, die im Unterschied zu den Kirchen des Westens den Einsatz für die irdische Wirklichkeit als zweitrangig erachtet, vor ihr geradezu flieht, um sich in einer mystischen Spiritualität der himmlischen zuzuwenden.

Nach einer langen Zeit der *groben Vorurteile* – „die orthodoxe Kirche sei in einen magisch-dinglichen Sakramentalismus verfallen, überladen mit abergläubischen und götzendienerischen Zeremonien" – erleben wir in unseren Tagen die *Wiederentdeckung* der geistig-geistlichen Tradition des Ostens durch Theologen des Westens, die in wissenschaftlichen und populären Publikationen diesen Reichtum den westlichen Kirchen erschließen. So sehr aber auch diese Entwicklung zu begrüßen ist, kann nicht eindringlich genug vor einer Gefahr gewarnt werden, die darin liegt, daß diese Entdeckung in einem säkularisierten Horizont der kirchlichen Ausdrucksformen und Ebenen erfolgt. Aus einer vom Gesamtleben des kirchlichen Organismus isolierten Betrachtung des liturgischen Lebens und literarischen Schaffens der Orthodoxie entsteht ein verkürztes Bild, das schließlich, wenn auch in abgeschwächter Form, an die genannten *Vorurteile* anschließt: Mission, Verkündigung des Wortes Gottes, soziales Engagement sind Arbeitsfelder der Kirchen des Westens; die Orthodoxie hat ihr Spezialgebiet in der Mystik und in der verklärten Spiritualität; sie ist die Meisterin der Anachorese und des hesychastischen Gebets.

Die Gleichsetzung der *Orthodoxie* mit dem Begriff *Liturgie* trifft zweifellos das Wesen und das Selbstverständnis dieser Kirche, doch das Mißverständnis beginnt bereits bei der Wiedergabe des Wortes *Liturgie* mit *Gottesdienst,* verstanden als der in einer bestimmten Zeit und in einem bestimmten Raum nach vorgeschriebenem Ritual sich gemeinschaftlich vollziehende kultische Akt. Indem der Begriff *Liturgie* in den kultischen Bereich eingeengt wird, entsteht eine Kluft zwischen dem *Sakralen,* zu dem die Liturgie, die sakrale Gottesverehrung, gehört, und dem *Profanen,* dem die anderen Aktivitäten der Kirche gewidmet sind.

Dieses Verständnis führt jedoch weit weg vom Zentrum des griechischen Wortes *leitourgia (leitos* = öffentlich und *ergon* = Werk, Dienst), das zunächst die auf eine Gemeinschaft ausgerichtete einzelne oder gemeinschaftliche Handlung bedeutet, die einen Dienstcharakter trägt.

Die Kirche als der ,,Leib Christi" (Eph 1,22f; Kol 1,24), die mystische Christuswirklichkeit in der Welt, setzt die Liturgie fort, die nach dem Hebräerbrief der Hohepriester Jesus Christus als Liturge einleitete. Der Bezug der Kirche auf Christus nicht nur als auf ihren Stifter, sondern auch und vor allem als auf den in ihr gegenwärtigen Grund ihrer Existenz bestimmt Sinn und Ausrichtung ihres Lebens, das eine Liturgie ist, ein Dienst zur Verwirklichung des Reiches Gottes auf Erden. Die Kirche verkörpert in der Welt den fleischgewordenen Sohn Gottes, der sich für die Welt hingegeben hat, mit seiner Selbsthingabe sie mit Gott ,,versöhnt" hat. Diese Vermittlerfunktion kann sie erfüllen, indem sie nicht ein der Welt abgewandtes und in sich gekehrtes Dasein führt, sondern sich der Welt öffnet und ihrer annimmt. Gerade darin unterscheidet sich die Kirche als Institution prinzipiell von allen anderen, ihr gegenüber nicht unbedingt feindlich gesinnten, weltlichen Organisationsformen, daß sie sich nicht von einem dualistischen Geist leiten läßt, der durch eine isolierte Betrachtungsweise der Welt- und Wertordnung eine Sprengung der Weltharmonie und eine Spaltung der menschlichen Existenz herbeiführt. *Liturgie* aber bedeutet die Versöhnung des Irdischen mit dem Himmlischen, das Hinabsteigen des Himmlischen und das Hinaufsteigen des Irdischen in einem die Gesamtschöpfung umspannenden Prozeß, so daß sie eine „*kosmische Liturgie*“ darstellt, wie so treffend *H. U. v. Balthasar* sein Buch über das „Weltbild Maximus' des Bekenners“ nennt.

Die Verdrängung der *Liturgie* aus dem *Lebensbereich* des Alltags in die Gotteshäuser, die Spaltung des menschlichen Lebens in eine religiöse und in eine weltliche Region, die als zwei autonome Größen neben- oder gegeneinanderstehen, degradiert die Liturgie zu einer Art sentimentaler *Sonntagspflicht,* die für die Welt kraftlos bleibt und auf die Kirche zerstörerisch wirkt. Dies wissen die Atheisten besser als viele Christen, wie die Taktik der *Sowjets* z.B. zeigt, die in ihrer zerstörerischen Absicht der Kirche in der *Sowjetunion* verfassungsmäßig nur „die Freiheit der Ausübung religiöser Kulthandlungen“ garantieren. Ob allerdings diese Rechnung der Sowjets aufgeht, ist eine andere Frage, die aber nicht hierher gehört.

Ebenso unheilvoll ist die Loslösung der kirchlichen Wirksamkeit in der Welt von der Liturgie. Die Verselbständigung der *Sozialdienste* bedeutet die Abbindung der Kirche von der Quelle ihres Schaffens und ihre Entartung zu einer humanistischen Institution mit einem säkularisierten Apparat, der auf die Fragen der Welt dieselben technokratischen Antworten gibt, genauso reagiert wie andere karitative und humanistische Institutionen. Der Zusammenhang zwischen Menschwerdung Gottes und kirchlichem Handeln geht verloren; die Welt erfährt nicht die Ausstrahlung der göttlichen Wirklichkeit, an der jeder Christ in der Nachahmung des Opfers Christi partizipiert und damit sich selbst in einer unaufhörlichen Liturgie hingibt, um sich selbst und die Welt für Christus zu gewinnen. „Indem wir", lautet ein eucharistisch-liturgisches Gebet vor der Kommunion, „um die Einheit des Glaubens und um die Gemeinschaft des Heiligen Geistes bitten, wollen wir uns selbst und einander und unser ganzes Leben Christus unserem Gott hingeben."

2. Das liturgische „Wir"

Der Eintritt des Menschen in die Kirche bzw. sein Verbleiben in ihr bedeutet eine Verwandlung seiner Existenz, eine Neugewinnung seines *Ichs* in einem „*Wir*", das eine Dimension besitzt, die auf eine Größe anderer Ordnung als jegliche Form einer soziologischen Gesellschaft hinweist. Die Kirche bildet keine Anhäufung von Individuen, die in ihrer arithmetischen Summe ein Ganzes konstituieren, sondern einen lebendigen Organismus, in dem die Glieder zum Haupt, d. h. Christus, und zueinander in einer existentiellen Lebensbeziehung stehen. Dies ist etwas anderes als ein *Kollektivismus,* in dem der einzelne verlorengeht, die Person dem Kollektiv geopfert wird; denn durch die Eingliederung im mystischen Leib Christi geht er eine seinsmäßige Verbindung ein, in der er durch die Ablegung seiner Selbstgefälligkeit und -herrlichkeit zu sich selbst findet, so daß er in einem vielstimmigen Chor einer nicht uniformen, sondern polyformen Dienstvielfalt als Abbild der göttlichen Wirklichkeit eine *himmlische Liturgie* auf Erden, mitten in der Welt, vollbringt.

Das liturgische „*Wir*", in dem die Gebetstexte der Kirche verfaßt sind, ist nicht so sehr die Folge der grammatikalischen Logik, sondern der gemeinschaftlichen Bezughaftigkeit der betenden Gemeinde, die in ihrer Ausrichtung auf den einen Herrn in Einmütigkeit und Einheit im Gebet den lebenspendenden Geist empfängt und aus einer Seele und mit einem Mund den gemeinsamen Vater preist. So münden auch die in

Singularform beginnenden Gebete des Priesters, in denen er seine Unwürdigkeit bekundet, in einen Plural ein, in der Aufforderung, gemeinsam zu „beten“, „Gott zu preisen“.
Die liturgischen Texte der orthodoxen Kirche weisen eine erhabene *Sozialtheologie* auf, die allerdings in unserer säkularisierten Welt zu weit entfernt von der rauhen Wirklichkeit des harten Lebens zu liegen scheint; eine Wirklichkeit, der in der Sicht des oberflächlichen Betrachters die Orthodoxie mit ihrer Mystik und Askese, in einem selbstgenügsamen Individualismus, entflieht.
Doch die Flucht der *Einsiedler* in die Wüste ist nicht Ausdruck persönlicher Absicherung vor der Versuchung der Welt, sondern höchster Liebe der Kirche zu dem „Bräutigam“ Christus. Aus der Einsamkeit der Wüste geben sie Zeugnis für das „Gottes“-Reich, das nicht „von dieser Welt“ ist (Joh 18,36). Sie leugnen nicht die Welt, sondern sie geben sich für sie hin und legen mit ihrer geistig-geistlichen Größe christliches Zeugnis vor der Welt ab, in der die Kirche zu ersticken droht. Die seltsam anmutenden *Säulenasketen* und die *Hesychasten* in Byzanz waren nicht introvertierte Einzelgänger, sondern *Orientierungsgestalten* in einer verwirrten Welt. Die durch *Dostojewskijs* Roman „Die Brüder Karamasow“ auch im Westen bekanntgewordenen *Starzen* (= Alten), die im geistlichen Leben erfahrenen Mönche, waren Anziehungspunkt der Beistand, Rat und Hilfe suchenden Menschen aus allen Schichten und Gegenden Rußlands.
Wo sind aber diese Gott-ausstrahlenden Säulen heute geblieben? In der Tradition einer von starkem Gemeinschaftsbewußtsein getragenen orthodoxen Gesellschaft, die Nächsten- und Gottesliebe in einem Abhängigkeitsverhältnis sah, den persönlichen Besitz als Gottes Gabe zum Wohl aller verstand, trat in einer Zeit der Disharmonie, des Widerspruchs zwischen Leben und Gebet, in dieser liturgischen Harmonie der *Kommunismus* an, der, auf diesem geistigen Boden aufbauend, unter dem Einfluß des *Marxismus* bzw. des westli-

chen *Positivismus* und *Materialismus* die Kirche Rußlands aus ihrer Aufgabe auch offiziell verdrängte, das orthodoxe Gemeinschaftsideal verfälschte und ein neues Menschenbild entwarf.

Die größte Gefahr, die der orthodoxen Kirche nach solchen Erfahrungen droht, besteht darin, daß sie ihre gemeinschaftsbezogene *mystische Spiritualität* im Sog des Zeitgeistes einem *Soziologismus* opfert, der der Welt mit ihren eigenen Mitteln helfen will, indem man nicht Gott zu ihr und ihre Probleme in die Kirche hineinträgt, sondern Systeme entwirft, die Kirche zu einer Gesellschaft umgestaltet, die sich von anderen zeitgenössischen Gesellschaftsformen nur durch ihre göttliche Herkunft bzw. evangelische Ideologie unterscheidet.

Die Kirche ist aber mehr als eine menschliche Gemeinschaft, denn in ihr vollzieht sich eine einzigartige, mystische Verbindung. Sie ist das Mysterium Gottes in der Welt, die ihr Heil in der Verbindung mit der Ewigkeit, d.h. in der Kirche findet. Die Kirchenversammlung zum Gebet ist nicht die Zusammenkunft eines Vereins, dessen Mitglieder sich Christen nennen, sondern eine „*communio sanctorum*", die nicht aus sich selbst, durch ihre Absonderung von der sündigen Welt, heilig sind, sondern durch die communio mit Christus, dessen Gegenwart die Kirche heiligt (Eph 5,25–27). Ohne die Verbindung mit ihm ist die Gemeinschaft der Christen ein soziologisches Gebilde. Um ihm zu begegnen, muß man sich zu dem Ort begeben, in dem seine Jünger „einmütig im Gebet mit den Frauen, mit Maria, der Mutter Jesu, und mit seinen Brüdern verharrten" (Apg 1,14). Diese im Gebet verharrende Gemeinschaft empfängt den Heiligen Geist am Pfingsttag (Apg 2,1); im Gebet nimmt die Kirche die Kraft entgegen für ihren Einsatz in der Welt. In dieser betenden mystischen Gemeinschaft findet die Begegnung mit dem auferstandenen Herrn statt, vor dessen Angesicht der Mensch ergriffen wird und seine ihn tief beunruhigende Unzufriedenheit mit sich selbst in den Worten eines Gesangs vom Montag der Karwoche ausspricht: „Dein geschmücktes Brautgemach erblicke ich, mein Heiland, und besitze kein Gewand, um einzutreten..."

3. Das Geheimnis der Liebe

Der zentrale Gedanke, der alle orthodoxen Versuche, die Kirche zu beschreiben, durchdringt, ist die *Idee der Liebe*, und zwar nicht als eine moralische, sondern als eine geistlich-mystische Kategorie. Die Liebe ist das organische Prinzip der Kirche, die einen Liebesbund im Heiligen Geist darstellt. In ihrer Struktur ist sie ein Abbild der göttlichen Trinität, deren Liebe sich im Leben der Kirche widerspiegelt.
Die Grundlage für die Legitimation des christlichen Wirkens in der Welt ist nicht eine abstrakte *Ideologie,* die mit Hilfe einer modernen Theologie und anderer Disziplinen in die Praxis umgesetzt wird, sondern die Vergegenwärtigung des Heilsgeschehens in der Welt, in der die Kirche als der begnadete Bund der Liebe einen Dienstauftrag zu erfüllen hat.
Die gegenseitige Liebe als sichtbarer Ausdruck der Einheit ist das Erkennungszeichen, daß die Gemeinschaft legitimiert ist, im Namen Christi Zeugnis abzulegen. In seiner Abschiedsrede mahnt Jesus seine Jünger eindringlich und legt ihnen ans Herz das *neue Gebot:* „Ihr sollt einander lieben, wie ich euch geliebt habe, damit auch ihr einander liebt. Daran werden alle erkennen, daß ihr meine Jünger seid, wenn ihr Liebe zueinander habt" (Joh 13,34f). Voll Dramatik ist schließlich die Bitte Jesu an den Vater um die vollkommene, trinitarische Einheit seiner Jünger und der durch „ihr Wort" entstehenden Kirche, damit sie dadurch für die Welt das Erkennungszeichen sowohl seiner eigenen als auch der Kirche wahrhaft göttlichen Sendung bilden (vgl. Joh 17,20–26).
Die *Analogie* zwischen *göttlicher Trinität* und *Kirche*, inner-

trinitarischer Relation der Liebe und zwischenmenschlichen Beziehungen in Liebe, drängt sich hier auf. Der nach dem Bild Gottes geschaffene Mensch (Gen 1,26) erlangt seine Selbstverwirklichung in der Nachahmung seines Originals, d. h. in der Verwirklichung der Liebe zu seinen ihm „wesensgleichen" Mitmenschen. Die menschlich unüberbrückbare *Antinomie* zwischen dem *Einen* und der *Vielfalt,* dem *Individuum* und der *Gesellschaft* läßt sich nur in einer Weltordnung überwinden, die ihre Wurzeln jenseits ihrer irdischen Realität hat, d.h. in der Verwirklichung des Geheimnisses der durch die Liebe getragenen Trinität des einen Gottes, der durch das Mysterium der Liebe in der Welt eine abbildliche Wirklichkeit wird.

Der ausdrucksvollste Beweis göttlicher Liebe ist die Menschwerdung Gottes. „Darin besteht die Liebe, nicht daß wir Gott geliebt haben, sondern daß er uns geliebt hat und seinen Sohn als Sühne für unsere Sünden gesandt hat" (1 Joh 4,10). In der Übernahme der ganzen Last menschlicher Schwäche und Sünde durch die zweite Person der Dreifaltigkeit erreicht die Liebe Gottes eine Dimension, die den menschlichen Verstand übersteigt. Durch diese *diakonia* für die verwundete Menschheit wird der fleischgewordene Logos der Zeuge Gottes in der Welt.

In dieser christologischen *martyria* gründet sich das apostolische Zeugnis, zu dessen Diener die Apostel als leibhaftige Zeugen des Lebens und Wirkens Christi, vor allem seines Todes und seiner Auferstehung, besonders prädestiniert sind, obschon das Gewicht nicht in ihrer Augenzeugenrolle zu erblicken ist, sondern in ihrer Bindegliedfunktion zu der diakonia Christi, die in ununterbrochener Kontinuität in der Kirche vergegenwärtigt wird. Die apostolische *martyria* erreicht schließlich ihren Höhepunkt im *Martyrium* der Apostel.

So läßt sich erklären, daß nach dem Tod der Apostel und der Zeitgenossen Christi überhaupt der Begriff *martys* für diejenigen Christen angewandt wird, die in Nachahmung Christi durch das Erleiden der Verfolgung und ihren Tod Zeugnis für Christus geben. Das ist der gemeinsame Tenor der überlieferten Märtyrerakten, unabhängig von der historischen Authentizität im einzelnen, die in diesem Zusammenhang irrelevant ist.

Das bedeutet, daß in der entscheidenden Phase der Entwicklung des Christentums der Tod des Christen als höchster Akt glaubender Liebe (vgl. Joh 15,13) das Glaubwürdigkeitsmotiv für den göttlichen Ursprung der Kirche liefert. *Martyria* und *martyrion* fallen zusammen, indem der zeugnishafte Tod als die äußerste Steigerung des Verkündigungszeugnisses gilt. Der Tod der Märtyrer als die kompromißlose Erwiderung der göttlichen Liebe ist der unerläßliche menschliche Beitrag bei der Verwirklichung der historischen Realität der Kirche. Diese Liebe ist keine innerweltlich-soziologische Kategorie, sondern ein Mysterium, eine Gabe Gottes, die Wunder wirkt, den Menschen und die Welt verändert, die Gegenwart Gottes in der Welt aktualisiert. Das Leben des Menschen und der Kirche ist ein einziges Liebeslied, eine *Doxologie,* die nicht ein teleturgisch-magisches Wiegenlied für Träumer und Phantasten darstellt, sondern eine liturgische Epiphanie der göttlichen Liebe, die die Welt erfährt. „Wir lieben", sagt *Johannes,* „weil er uns zuerst geliebt hat. Wenn einer sagt: Ich liebe Gott, und er haßt seinen Bruder, der ist ein Lügner. Denn wer seinen Bruder, den er gesehen hat, nicht liebt, kann nicht Gott lieben, den er nicht gesehen hat. Und dieses Gebot haben wir von ihm, daß der, der Gott liebt, auch seinen Bruder liebt" (1 Joh 4,19–21).

Die Liebe des Asketen, der Frau und des Mannes zueinander, einer ganzen Gemeinschaft und des Menschen zur Gesamtschöpfung haben etwas Übernatürliches, Göttliches, indem sie Ausdrucksformen der auf das Göttliche ausgerichteten Liebe sind, Erwiderung der göttlichen philanthropia (= Menschenliebe).

Die *mönchische Ehelosigkeit* darf nicht mit den Augen einer technokratisch-profitablen Mentalität gesehen werden, die in der Ehe ein Vergeuden wertvoller Kräfte erblickt und im *Zölibat* den Sieg der Vernunft über die Begierden. Diese utilitaristische Sicht verkennt die Kraft der mystischen Liebe des Mönches, der von der Liebe Gottes ergriffen wird, so daß er kein eigenes Leben mehr besitzt.

Wenn die orthodoxe Kirche die *Ehe als Sakrament* betrachtet, dann nicht, um einen biologisch-anthropologischen Zustand mit ihrem Segen zu legitimieren, sondern weil in ihr die Grundkategorie der Kirche, die Liebe, eine Verwandlung der auf Gott ausgerichteten Menschen bewirkt, ein Geschehen, das die Ehe zu einer Keimzelle der Kirche macht.

Christliche Brüderlichkeit schließlich hat nicht eine *soziologische*, sondern eine *mystisch-geistliche Dimension*, denn die Not des anderen ist nicht ein ökonomisch-materielles, sondern ein geistliches Problem, das die persönliche Selbstgefälligkeit aufrüttelt und zur Liturgie einer Liebesgemeinschaft führt, die in der tiefen Überzeugung lebt: „Wir haben erkannt und an die Liebe geglaubt, die Gott zu uns hat. Gott ist Liebe, und wer in der Liebe bleibt, bleibt in Gott, und Gott bleibt in ihm" (1 Joh 4, 16).

4. Vergegenwärtigung des Heilsgeschehens

Die Liebe, die Jesus in seiner Abschiedsrede auf die göttliche Trinität zurückführt (Joh 15,9), hat er mit seiner Menschwerdung in die Welt hineingetragen und ihr in der Kirche eine neue Heimstätte gegeben. Als Träger dieser Liebe verkörpert die Kirche ein Mysterium, das Geheimnis der göttlichen Liebe, das sie im Bewußtsein ihrer Bindung zu Christus auf mystische Weise in der Eucharistie vollzieht. Als ein Akt göttlicher Liebe stellt die Eucharistie das Mysterium der Kirche dar, die in der Liebe ihre Selbstverwirklichung erfährt.

In den dogmatischen Handbüchern, die eine systematische Darstellung der Sakramente geben, geht der im Hinblick auf die Kirche konstituierende Charakter der *Eucharistie* unter, wenn sie zu den sieben Sakramenten gerechnet wird, die die orthodoxe und katholische Kirche anerkennen, und zuweilen sogar vom Sakrament der Priesterweihe abhängig gemacht wird, während die kirchliche Praxis eindeutig belegt, daß die Eucharistie das sakramentale Dasein der Kirche überhaupt bewirkt.

Wenn wir dem *Wesen der Eucharistie* und damit auch der Kirche näherkommen wollen, müssen wir die Eucharistie aus dem starren Schema der Siebenzahl loslösen und als das Mysterium betrachten, aus dem alle Aktivitäten der Kirche hervorgehen und auf das sie sich beziehen; denn in der Eucharistie ist Christus mitten in der Gemeinde, die durch seine Gegenwart Kirche, sein Leib, wird.

Die *eucharistische Versammlung* ist der Ort, in dem die geheimnisvolle Verbindung der Glieder des mystischen Leibes Christi erfolgt. Im Liebesmahl findet die Begegnung mit dem auferstandenen Herrn statt. Die zwei Jünger, die auf dem Weg nach Emmaus einem Fremdling ihre Sorgen anvertrauen und seinen biblisch-fundierten Erklärungen aufmerksam zuhören, erkennen in ihm ihren auferstandenen Herrn erst, ,,als er mit ihnen zu Tische lag" (Lk 24,30). Ein ,,*Gedächtnis*"*vorgang* ,,öffnet die Augen", um ihn zu erkennen, der mitten unter ihnen steht, die in seinem Namen versammelt sind (Mt 18,20). Der *Gedächtnisappell* in den biblischen Abendmahlsworten ,,Tut dies zu meinem Gedächtnis" (Lk 22,19; 1 Kor 11,24f) zielt nicht auf eine Auffrischung von Erinnerungen aus vergangenen Zeiten, er meint nicht einen gedanklichen Vorgang, sondern die Gabe Gottes an die Kirche, die in die Lage gesetzt wird, in einer Zeit und Raum übergreifenden Dimension die Gesamtheilsökonomie in der Gegenwart zu erfahren. In Anbetracht dieses Aktes höchster göttlicher Liebe kann die Kirche nur ihre *Eucharistie* (Danksagung) aussprechen. Auf dieses Bewußtsein der alten Kirche weist die Bezeichnung Eucharistie hin, die sich seit der apostolischen Zeit, und zwar über den griechischen Sprachraum hinaus, durchgesetzt hat.

„Es ist würdig und recht", spricht der Priester im eucharistischen Gebet, „dich zu besingen, dich zu rühmen, dich zu preisen, dir zu danken, dich anzubeten an jedem Ort deiner Herrschaft... Du hast uns aus dem Nichtsein in das Sein herübergeführt, und als wir gefallen waren, wieder aufgerichtet; du hast nicht aufgehört, alles zu tun, bis du uns in den Himmel erhoben und dein künftiges Reich geschenkt hast. Für all das danken wir dir, deinem eingeborenen Sohn und deinem Heiligen Geist; für alle uns erwiesenen Wohltaten, die uns bekannten und unbekannten, die offenkundigen und die unsichtbaren. Wir danken dir auch für diese Liturgie, die du aus unseren Händen anzunehmen geruht hast..."

Aus dieser trinitarisch-eucharistischen Sicht erscheinen die zwei klassischen Kontroversen um das Eucharistieverständnis als kleinherzige Spekulationen, die vom eucharistischen Geschehen ablenken.

Die berüchtigte Auseinandersetzung zwischen der griechischen und der lateinischen Kirche, die in einer Frontposition jeweils in den Einsetzungsworten *(Anamnese)* oder in der Anrufung des Heiligen Geistes *(Epiklese)* die sakramentale Vollzugsformel erblickten, die in einem bestimmten Augenblick wie ein magischer Zauberspruch die Veränderung der Elemente bewirkt, sprengt die Einheit der göttlichen Trinität und der Eucharistie. Die *Heilsökonomie* ist das Werk der Trinität, und die mystische Darstellung des Heilsgeschehens ist daher weder ein christologisches noch ein pneumatologisches, sondern ein trinitarisches Ereignis.

Die *Eucharistie* ist eine *trinitarische Manifestation,* die als solche ein Ganzes bildet. Anamnese und Epiklese, Menschwerdung Gottes und Ausgießung des Heiligen Geistes, Christologie und Pneumatologie dürfen nicht als isolierte bzw. Alternativgrößen gesehen werden, sondern im trinitarischen Kontext, der auch in der Eucharistie herrscht. Im Eifer einer Polemik, die sich, wie so oft, in lateinischer Denkweise auf eine *Ursächlichkeitsformel* der Wandlung konzentrierte, verlor mancher orthodoxe Theologe den Blick für den trinitarisch-ekklesiologischen Sinn der *Epiklese:* die trinitarische Kircheneinheit, die der Heilige Geist bewirkt.

Diese Einheitsvorstellung läßt schließlich keinen freien Raum für die andere Streitfrage, die zur Zeit der *Reformation* und der *Gegenreformation* die westliche Theologie beherrschte: ob die *Eucharistie* ein *Opfer* oder ein *Gedächtnis* sei. Die Eucharistie gerät hier zu einem Anwendungsfall der Rechtfertigungstheologie, die mit Kategorien operiert, die, wenn auch biblisch, nicht eucharistisch, sondern stark juridisch geprägt sind. Für die orthodoxe Theologie ist es ein kompliziertes Unterfangen, sich in dieser Denkweise des Westens zurechtzufinden, denn es hängt damit eine ganze Denk- und Vorstellungswelt zusammen, die über die Theologie hinausreicht.

Selbstverständlich weist die orthodoxe Kirche auf den *Opfercharakter* der Eucharistie hin, in der das einzige Opfer Christi (Hebr 10,12.14) nicht wiederholt, sondern geheimnisvoll vergegenwärtigt wird, aber die eucharistische Versammlung „gedenkt" nicht nur des Golgotaopfers, sondern „all dessen, was für uns geschehen ist: des Kreuzes, des Grabes, der Auferstehung am dritten Tag, der Auffahrt in den Himmel, des Sitzens zur Rechten des Vaters, der zweiten und glorreichen Wiederkunft".

Die *Eucharistie* ist kein *Rechtsakt,* sondern ein *Mysteriendrama,* das die zeitlichen und räumlichen Grenzen aufhebt. Die eucharistische Versammlung wird Zeitgenosse des gesamten Heilsgeschehens, einschließlich der „glorreichen Wiederkunft". Sie erlebt eine mystische Gegenwart, an der die Gesamtschöpfung, Himmel und Erde, die Lebenden und die Verstorbenen, die Fülle des Ausflusses göttlicher Liebe teilnimmt. Darauf weist auch der Kirchenbau mit seiner Ein-

richtung und Ausschmückung, die auf mystische Weise die unsichtbare Welt repräsentieren.
Wer diese Theologie der Eucharistie respektiert, kann die Zurückhaltung der orthodoxen Kirche im Hinblick auf die *Interkommunion*, die sakramentale Gemeinschaft unter getrennten Kirchen, verstehen, und er wird sie nicht leichtfertig als einen antiökumenischen, reaktionären Konservatismus hinstellen. Die Gemeinschaft, die in der Eucharistie verkörpert und gestärkt wird, ist nicht eine Frage der Gültigkeit in einem formal-juridischen Sinn, der das Mysterium der Eucharistie aus dem Leben der Kirche losreißt und an Bedingungen knüpft, die gerade umgekehrt auf die Eucharistie bezogen sind, in ihr wurzeln. Das *Amt* und die *apostolische Sukzession* sind nicht autonome Größen, von denen der Kirchlichkeitscharakter einer Gemeinschaft abhängt, sondern sie sind an die eucharistische Versammlung, wie es auch der Weiheritus zeigt, gebunden. Die Zugehörigkeit und diakonisch-charismatische Bezughaftigkeit zu dieser Versammlung bedingt auch die apostolische Sukzession der von Gott eingesetzten Amtsträger als Vergegenwärtigung der kontinuierlichen Einheit der Kirche.
„Dies ist mein Leib, dies ist mein Blut", ruft der Priester, der abbildlich den eigentlichen Liturgen der Eucharistie, Christus, darstellt, um den die Gemeinde versammelt ist, die mit ihrer organischen Einheit im Heiligen Geist dieser sein Leib ist. Es ist nicht Herzlosigkeit, wenn die orthodoxe Kirche Mitgliedern anderer Kirchen, mit denen sie eine Art *liturgischer Interkommunion* im gemeinsamen Beten, Denken, Planen und Handeln praktiziert, nicht die Gaben selbst *(dora)*, sondern statt dessen das *Antidoron*, das gesegnete Brot, als Liebeszeichen am Ende der Liturgie gibt, in der festen Absicht, mit ihnen, soweit wie möglich, gemeinsam die Liturgie durch die Werke der Liebe fortzusetzen, zu denen die Eucharistie auffordert.

5. Mystische Begegnung

Im Unterschied zur liturgischen Tradition des Westens, der einen Hang zur *Rationalität* und *Nüchternheit* zeigt, neigt die orthodoxe Liturgie und Spiritualität zu einem *mystisch-symbolischen Realismus,* der das sinnlich Wahrnehmbare und Intelligible, das Diesseits und Jenseits in einer überzeitlichen Dimension miteinander verbindet. Die Liturgie selbst ist ein Symbol, das auf die Transzendenz des Geschehens hinweist, das durch die Symbole und Bilder real-symbolisch vergegenwärtigt wird.

Die in der orthodoxen Kirche tief verwurzelte *Ikonenverehrung* ist nicht eine bloß sentimentale Äußerlichkeit östlicher Volksfrömmigkeit, sondern Ausdruck einer Glaubensüberzeugung. Während die Westkirchen seit der *Frankfurter Synode* (794) definitiv in der sakralen Kunst keinen theologisch-dogmatischen bzw. liturgischen, sondern einen ästhetischen Sinn erblicken, wurzelt bei den Orthodoxen die Existenz der Ikonen und deren Verehrung im starken Bewußtsein der Parousie des Geistigen, der mystischen Gegenwart alles dessen, was in der Kirche mit uns vereinigt wird, das wir spüren, schauen, ohne es sinnlich sehen zu können.

Die *biblische Begründung der Ikone* liegt in der fundamentalen anthropologischen Aussage des alttestamentlichen Schöpfungsberichtes, in der Schöpfung des Menschen „nach dem Bild Gottes" (Gen 1,27). Dieser Gottebenbildlichkeitsgedanke, der den Ausgangs- und Beziehungspunkt christlicher Anthropologie bestimmt, weist auf eine gottmenschliche Analogie hin, die schließlich auch die Verbindung des Göttlichen und Menschlichen in Christus erklärt, „der das Bild des unsichtbaren Gottes ist" (Kol 1,15, vgl. 2 Kor 4,4). Gott, den niemand jemals gesehen hat (Joh 1,18), wird im menschgewordenen Logos geschaut, real-bildhaft gegenwärtig: „Wer mich gesehen hat, hat den Vater gesehen" (Joh 14,9).

Auf diesem biblischen Fundament aufbauend, unternimmt die Ikonentheologie, wie es ein Gesang *(Kontakion)* zum *Sonntag der Orthodoxie* exemplarisch zeigt, eine soteriologische Interpretation des Inkarnationsmysteriums, d.h. des Mysteriums der Teilhabe des Menschen an der göttlichen Natur:

„Das unumschreibbare Wort des Vaters
ward aus dir, Gottesgebärerin,
fleischwerdend umschrieben,
und indem es das befleckte Abbild
in seiner Urgestalt wiederherstellte,
durchdrang es dieses mit göttlicher Schönheit.
Bekennend nun die Erlösung
zeichnen wir es im Werk und Wort."

Es ist bezeichnend für die orthodoxe Theologie und Frömmigkeit, daß aus einem Gedicht, das der Mutter Gottes gewidmet ist, kein eigentlich mariologischer, sondern ein christologisch-soteriologischer Glaube spricht. Hier zeigt sich eine Eigenart der orthodoxen Verehrung Mariens, die als *theotokos* (Gottesgebärerin) in Wort und Bild einen christologischen Bezug aufweist. Die Andacht zu Maria bezieht sich auf ihre Gottmutterschaft. Die Darstellbarkeit des Sohnes Gottes geht auf sie zurück, die ihm die „nach dem Bild Gottes" geschaffene Menschennatur schenkt. Der Unumschreibbare wird als Person, d.h. in der Einheit beider unzertrennlich vereinten Naturen sichtbar, indem er von einer beschreibbaren Mutter geboren wird.
Der *Sichtbarkeit* des *Bildes* steht die *Unsichtbarkeit* des *Abgebildeten* gegenüber. Das Bild zeigt und stellt etwas Verborgenes dar, es nimmt die Stelle des Abgebildeten ein und vergegenwärtigt etwas, das unsichtbar und verborgen ist. Die Ikone mit ihrer flächenhaften, zweidimensionalen Gestalt ist eine Art Fenster zwischen dem Sichtbaren und dem Unsichtbaren, zwischen der himmlischen und der irdischen Wirk-

lichkeit, ein ständiger Hinweis auf das Urbild, das im Bild, dem zweiten, sichtbaren Exemplar des Originals, geschaut wird.

Gerade darin liegt auch die *Zweckbestimmung des Bildes,* auf das Abgebildete hinzuweisen. Das bedeutet mehr als die bloße Offenbarung, d.h. die äußerliche Demonstration des abgebildeten Objektes, zu dessen Erkenntnis die Anwesenheit des Bildes auffordert. Das Bild ist nicht ein Zeichen, wie z.B. das Firmenzeichen eines Unternehmens oder die Photographie einer Person, sondern ein Symbol, das in einer engen Beziehung zum Symbolisierten steht, das im Symbol gegenwärtig ist. Das Bild mahnt daher seinen Betrachter, wie *Johannes Damaskenos* sagt, nicht bei der Bildbetrachtung stehenzubleiben, sondern mit den Augen des Geistes das dargestellte, verborgene Urbild selbst zu betrachten (PG 94, 1360 B).

Die Besonderheit der Ikone liegt in ihrem geistigen Gehalt, den die Maler mit entsprechenden *Bildmitteln* zum Ausdruck bringen: Die großen und tiefen Augen in den schmalen, asketischen Gesichtern, die langen Hände mit den feinen Fingern, die schmalen Lippen, die breite und hohe Stirn usw. weisen auf die Transzendenz der Abgebildeten, die nicht naturalistisch, in ihren Proportionen, sondern vergeistigt, in ihrem Gehalt, erscheinen. Das naturalistisch-sinnliche Element, die äußere Gestalt, ist in der Ikone vergeistigt und durch die Wesenheit des Urbildes abgelöst. So wird Jesus nie als ein schöner Jüngling und am Kreuz nicht als der Leidende, sondern der bereits Verklärte dargestellt und die Mutter Gottes nie nach den Proportionen einer schönen Frau gemalt, die auch bei der Darstellung Aphrodites Modell gestanden haben könnte.

Im Unterschied zur *lateinischen Bildauffassung,* nach der nur die Ähnlichkeit des Bildes mit dem abgebildeten Gegenstand und die Ursprungsbeziehung das Wesen des Bildes ausmachen, erblicken die Griechen das Hauptmerkmal des Bildes in seinem vermittelnden und offenbarenden Charakter. Das Bild wird nur deswegen angewandt, um etwas Verborgenes zu offenbaren; es hat keine andere Funktion als die des Vermittlers; als autonomer Gegenstand ist die Ikone nicht mehr als ein Stück bemaltes Holz. Daher verdient nicht sie selbst die Aufmerksamkeit und Hinwendung des Menschen, sondern das in ihr Dargestellte und Offenbarte. Die Bilderverehrer, die in den Ikonen die geistige Gegenwart der himmlischen Welt erblicken, verehren nicht die Ikonen selbst, sondern die in den Ikonen abgebildeten Personen, und deshalb können sie bei einer mystischen Begegnung mit ihnen die Worte des großen Ikonenverteidigers *Johannes Damaskenos* sagen: „Ich habe das menschliche Bild Gottes gesehen, und meine Seele ward gerettet" (PG 94, 1256 A).

6. Vergöttlichung – personale Selbstverwirklichung

Der menschgewordene Logos hat, wie auch das oben zitierte Kontakion unterstreicht, nicht nur das im Sündenfall des Menschen befleckte Bild Gottes in seiner ursprünglichen Reinheit wiederhergestellt, sondern darüber hinaus durch die Verbindung der göttlichen mit der menschlichen Natur die Teilhabe des Menschen am göttlichen Leben ermöglicht. Diese Glaubensüberzeugung formuliert treffend der byzantinische Hymnendichter in dem folgenden Gedicht:

> „Als der Schöpfer den Menschen verloren sah,
> den er mit eigenen Händen gestaltet,
> da neigt er sich und steigt aus dem Himmel herab.
> Und als er in Wahrheit Fleisch angenommen
> aus der göttlichen und reinen Jungfrau,
> ward der Mensch seines Wesens teilhaftig.
> Darum soll er gepriesen sein!"

Der Plan der göttlichen Dreifaltigkeit: „Lasset uns Menschen machen nach unserem Bild, nach unserem Gleichnis" (Gen 1,26) erfährt in der Menschwerdung Gottes eine neue Verwirklichung. Der neue Adam, Christus, leitet den Weg zur Selbstverwirklichung des Menschen ein, der zu seinem Archetyp, nach dem und von dem er geschaffen wurde, hinzielt, auf die Wiedergewinnung der eigenen Existenz, die Vergöttlichung des Menschen bedeutet.

Wenn der *Vergöttlichungsgedanke* sich zu einem zentralen Thema der orthodoxen Theologie entwickelt hat, so doch nicht, wie manche Theologen meinen, weil die Griechen mit ihrer mystischen Neigung und unter dem Einfluß der griechisch-heidnischen Kulturtradition den Boden des Evangeliums verlassen hätten, sondern im Gegenteil, aus dem innigen Verlangen heraus, die Entelechie des tugendhaften menschlichen Daseins, die Einigung mit Gott, gegenüber der schmerz- und leidensvollen irdischen Existenz als Trost und evangelische Hoffnung herauszustellen. Das ist der unaufhörliche Wunsch des aus dem Paradies vertriebenen Menschen, der, nach dem Bild Gottes und ihm ähnlich geschaffen, durch die Vervollkommnung der Ähnlichkeit und das Streben zu ihm hin vergöttlicht werden sollte.

Die Hybris des Menschen, die *Vergöttlichung,* zu der er sich naturgemäß und frei entfalten sollte, zu usurpieren, hat ihn die göttliche Gnade gekostet, ohne die er in seinem Alleingang die Nacktheit seines Elends erfuhr. „Der Lügner", sagt *Johannes Damaskenos,* „betrügt den Unglücklichen, indem er ihm Hoffnung auf Gottsein macht, führt ihn zur eigenen Höhe des Hochmuts hinauf und stürzt ihn dann in den gleichen Abgrund des Verderbens hinab" (PG 94, 980 A). Zwar büßte der Mensch die *Gottebenbildlichkeit* nicht ganz ein, doch seine *Gottähnlichkeit* ging verloren, und damit rückte seine Vergöttlichung in unerreichbare Ferne. In seinem Elend blieb ihm nur die Nostalgie nach der verlorenen Heimat, zu der ihm schließlich die göttliche Barmherzigkeit den Weg ebnete.

Den *Vergöttlichungsprozeß* leitet die *Taufe* ein, durch die der Mensch seiner Stellung nach zu dem wird, was Christus seiner Natur nach ist. Die Taufe ist eine zweite Geburt, die in Analogie zu der adameischen einen neuen Anlauf zu seiner Selbstverwirklichung bedeutet.

Dieser christologisch-soteriologischen Sicht begegnet man auch bei der orthodoxen Betrachtungsweise der *Eucharistie*. Ihre Wirkungen werden in Parallele zu den aus der Menschwerdung Christi hervorgegangenen Folgen für die menschliche Natur gesehen. Die durch die Kommunion des Leibes Christi stattfindende Verbindung des Menschen mit Gott ist an die hypostatische Union der zwei Naturen in Christus angelehnt, bei der prinzipiell, und analog in der Eucharistie individuell, die Vergöttlichung des Menschen erfolgt. Dieser Vorgang ist ein Akt der göttlichen Liebe, die den Menschen erfaßt und verwandelt, zur Liebe erzieht, die im höchsten Maß Selbstverwirklichung, Vergöttlichung bedeutet, „denn Gott ist die Liebe" (1 Joh 4,16), und daher „ist das Ziel des Gebotes Liebe aus reinem Herzen, aus gutem Gewissen und ungeheucheltem Glauben" (1 Tim 1,5).

Auf die konditionale Verbindung der *vertikalen* und der *horizontalen Dimension der Eucharistie* weist *Johannes Damaskenos* besonders hin: „Teilnahme heißt sie [die Eucharistie]; denn durch sie nehmen wir an der Gottheit Jesu teil. Gemeinschaft heißt und ist sie wirklich, da wir durch sie Gemeinschaft mit Christus haben und seines Fleisches und seiner Gottheit teilhaftig werden; durch sie treten wir aber auch untereinander in Gemeinschaft und Verbindung" (PG 94, 1153 A).

Die lebhaften und anschaulichen Schilderungen dieser Verbindung und des Aufstiegs der menschlichen Natur durch die *Kirchenväter* dürfen allerdings nicht dazu verleiten, die Vergöttlichung des Menschen als einen magischen oder pantheistischen Akt aufzufassen, denn sie stellt einen ethischen Vorgang dar, dessen Vollendung ein eschatologisches Geschehen ist, das von der Gnade Gottes und der freien Mitwirkung des Menschen getragen wird. Sie bedeutet die gnadenhafte Selbstverwirklichung des nach dem Bild und Gleichnis Gottes geschaffenen Menschen, der vergöttlicht keine ontologische Veränderung erfährt, kein naturgemäßer Gott wird, sondern Mensch in seiner Vollendung, der in der Vervollkommnung seiner Gottähnlichkeit dem Original, unbeschadet seiner absoluten Transzendenz, ,,gleich" wird.

VI. AUSBLICK: SYNODALE GEMEINSCHAFT

Oft ist man geneigt, Vergangenes zu idealisieren, indem man Wunschvorstellungen in eine fernliegende Realität hineinprojiziert. Dies ist vielfach der Fall, wenn die Rede von der alten, ungeteilten Kirche ist, zu der die getrennten Kirchen zurückfinden sollten.

Doch unabhängig davon, daß es für eine lebendige Gemeinschaft kein Zurück gibt, denkt der Kirchenhistoriker bei der Aufstellung solcher Einheitsmodelle an ein paradoxes Phänomen der Geschichte des Christentums: Schon seit neutestamentlichen Zeiten bekämpfen sich die Christen wegen Lehrdifferenzen mit einem unvorstellbaren Haß. Nicht nur die Feinde der Christen staunen hämisch darüber; die Klagen eines *Origenes*, *Basileios* des *Großen* und *Johannes Chrysostomos* über die theologische Streitsucht und die Lieblosigkeit der Christen ihrer Zeit sind ergreifend. Ereignisse wie die *Räubersynode* zu *Ephesos* (449) sind keine Seltenheit. Die innere Geschichte des Christentums ist zu einem großen Teil durch Fanatismus und Haß gekennzeichnet. Hier vollzieht sich eine seltsame Antinomie: Anhänger einer Religion der Liebe hassen und bekämpfen sich unerbittlich, selbst mit menschenunwürdigen Mitteln, aus Treue zur Wahrheit ihres Glaubens, der die Liebe ist.

Die Zeiten haben sich, zumindest nach außen, geändert. Der *Dialog* ist heute die dominierende Form zwischenmenschlicher Beziehungen. Diese Form bestimmt in Parallele zum politischen Geschehen auch die Beziehungen zwischen den Kirchen, die den konfessionalistischen *Monolog* durch den zwischenkirchlichen *Dialog* abgelöst haben. Es fällt allerdings schwer, zu glauben, daß diese Entwicklung, die positiv zu bewerten ist, in der Tat eine grundsätzliche Änderung des selbstgefälligen und -sicheren Bewußtseins der Kirchen bedeutet, die, auch wenn sie sich verbal anders äußern, in der Selbstherrlichkeit handeln, daß die ,,Grenzen" der Kirche Christi identisch mit der eigenen seien.

Dialog ist aber etwas mehr als ein friedliches Gespräch, es bedeutet primär eine Grundhaltung, die das persönliche Gegenüber ernst nimmt, sich selbst ihm öffnet, ,,aufgibt", um sich selbst in ihm wiederzugewinnen.

Der Mensch ist von Natur aus ein dialogisches Wesen. Sein Leben ist ein unaufhörlicher innerlicher, kosmischer und metaphysischer Dialog. Diesem fundamentalen Phänomen menschlicher Existenz begegnet man in der *Orthodoxie,* die in ihrer Struktur nicht *demokratisch,* wie so oft behauptet wird, sondern *dialogisch-synodal* ist. Das ,,*synodale System*" der Orthodoxie ist die klassische kirchenrechtliche Absicherung des Dialogs als Prinzips der innerkirchlichen und der zwischenkirchlichen Beziehungen, die sich durch Freiheit und gegenseitige Achtung auszeichnen, so daß die Menschen im Geist der Liebe die Wahrheit in verschiedenen Ausdrucksformen erfahren.

Diese Behauptung scheint optimistisch und realitätsfremd zu sein, denn die Orthodoxie, die sich auf dem Weg zu einem ,,*Heiligen und Großen Konzil der Orthodoxen Kirche*" befindet, stößt auf große Schwierigkeiten und schreitet nur mühsam voran. Immer wieder neu auftretende Differenzen zwischen verschiedenen autokephalen orthodoxen Kirchen erschweren die Vorbereitungen des Konzils, so daß mancher, der an strammes Regiment gewöhnt ist, sich fragt, ob die orthodoxe Kirche mit ihrer synodal-autokephalen Struktur überhaupt in der Lage ist, ein Konzil zu halten.

Diese Bedenken sind verständlich in dem Horizont einer uniformen, zentralistischen Kirchenstruktur, aus deren Verständnis heraus auch das Konzil als eine Instanz dargestellt wird, die – gleich einem *Deus ex machina* – die anstehenden

Probleme lösen und auf alle Fragen eine verbindliche Antwort geben kann. Das aber ist das Werk des in der Kirche wirkenden Parakleten und nicht einer Institution. Das Konzil kann nur als ein pneumatisches Ereignis den bereits gegebenen Konsens definieren und feierlich verkünden.

Insofern verdient im Augenblick nicht das künftige Konzil, das ohne Hektik, wenn die Zeit gekommen ist, stattfinden sollte, die Aufmerksamkeit, sondern die über alle Schwierigkeiten hinweg waltende eucharistische Gemeinschaft der orthodoxen autokephalen Kirchen, die ihren Problemen und ihren Schwierigkeiten nicht *administrativ* begegnen, sondern *dialogisch-synodal* in einem zuweilen harten Ringen, ohne das Bewußtsein der Zugehörigkeit zu der einen Kirche zu verlieren.

Die *Autokephalie* bringt zwar Probleme zum Vorschein, die allerdings auch ohne sie bestehen würden, und es wäre töricht, die Klippen dieses Systems zu ignorieren; doch die Schwierigkeiten liegen nicht im System selbst, so daß sie sich durch ein anderes System sofort beseitigen ließen, sondern in der historischen Entwicklung der hartgeprüften Orthodoxie, in der das Bewußtsein der geistigen Einheit der orthodoxen Kirche selbst in den schweren Zeiten, in denen das nationale Kirchenbewußtsein vorherrschte, nicht verlorengegangen ist.

In den Augen eines, wie ihn das „*Ruhrwort*“ vom 27. Januar 1979 vorstellt, „der besten Kenner der orthodoxen Kirche“ ist die Orthodoxie, die sich zwar „in dogmatischer Hinsicht noch immer als eine geschlossene Glaubenseinheit präsentiert“, doch „kirchenrechtlich“, und darauf kommt es ihm offensichtlich an, „ein recht ungleichartiges Konglomerat von Nationalkirchen“. Deswegen hängt für ihn „der Erfolg der Einheitsbemühungen mit der Orthodoxie ... weitgehend davon ab, wie weit die orthodoxen Kirchen selber zur Einheit finden“. Die monolithische Epoche gehört noch lange nicht überall der Vergangenheit an.

Kritische Stimmen braucht die Orthodoxie mehr als die Loblieder ihrer Bewunderer. Maßstab der Kritik darf jedoch nicht ein System sein, das dem Wesen dieser Kirche als einer pneumatologischen, im Heiligen Geist sich konstituierenden Gemeinschaft widerspricht. In dem bewußten Verzicht der orthodoxen Kirche auf eine Institution mit jurisdiktioneller Gewalt über die Gesamtkirche liegt gerade ihre Eigenart, das tiefe Vertrauen auf den in der Kirche wirkenden Parakleten, dem keine Grenzen gesetzt werden.

Das *liturgische, dogmatische* und *kirchenrechtliche Band* der Einheit hat sich in der Orthodoxie bewährt, die ihre Identität durch alle Prüfungen hindurch bewahrt hat und weder einer spiritualistischen noch einer kongregationalistischen oder uniformen Einheitsvorstellung unterlag.

Das bedeutet gewiß nicht, daß die orthodoxen Kirchen in Selbstherrlichkeit und -zufriedenheit verfallen dürfen, denn ihre *Katholizität* wird in der Ökumene und vor allem in der Diaspora auf die Probe gestellt. Um der Orthodoxie und ihres Zeugnisses für die panchristliche Einheit willen müssen die einzelnen autokephalen Kirchen ihren nationalen Provinzialismus endgültig überwinden. Dafür brauchen sie allerdings nicht ein System, das die Kirche zu einer Art selbstgenügsamer menschlicher Institution mit logisch begründeten Autoritätsprinzipien und Sicherheitspfändern werden läßt, sondern – in Treue zur Orthodoxie, die durch die äußere Variabilität, die Vielfalt in den Ausdrucksformen, Institutionen und Bräuchen, nicht beeinträchtigt wird – Demut und Liebe, die alle Schwierigkeiten überwinden lassen und unzerstörbare Einheit schaffen.

Die Struktur der *synodalen Gemeinschaft* der Orthodoxie als einer Gemeinschaft von Kirchen unterschiedlicher Prägung und Tradition besitzt einen großen ökumenischen Wert, denn die angestrebte Einheit der getrennten Kirchen läßt sich weder durch die „Rückkehr in den Schoß der Mutterkirche" verwirklichen noch durch die Zusammenfügung konfessionalistischer Gemeinschaften, sondern in der Liebesgemeinschaft von Ortskirchen, deren jede ihre besondere Tradition bewahrt und in der jeweils anderen Kirche dieselbe Kirche Christi wiedererkennt.

ANHANG I

DIE ORTHODOXEN KIRCHEN

A. Autokephale Kirchen

1. Ökumenisches Patriarchat
   S. Allheiligkeit Bartholomaios, Erzbischof von Konstantinopel, dem Neuen Rom, und Ökumenischer Patriarch
   TR-34220 Istanbul, Haliç-Fener

2. Patriarchat von Alexandrien
   S. Seligkeit Petros VII., Papst und Patriarch
   von Alexandrien und ganz Afrika
   ET-Alexandria, B.P. 2006

3. Patriarchat von Antiochien
   S. Seligkeit Ignatios IV, Patriarch von Antiochien
   und dem ganzen Orient
   SYR-Damas, B.P. 9

4. Patriarchat von Jerusalem
   S. Seligkeit Diodoros, Patriarch der Heiligen
   Stadt Jerusalem und von ganz Palästina
   IL-91190 Jerusalem, B.P. Box 19 632-633

5. Patriarchat von Moskau
   S. Seligkeit Aleksij II., Patriarch von Moskau
   und ganz Rußland
   RF-113191 Moskva, Danilov Monastery, Danilovsky Val 22

6. Patriarchat von Serbien
   S. Seligkeit Pavle, Erzbischof von Pec, Metropolit
   von Belgrad und Karlovci und Serbischer Patriarch
   YU-11000 Beograd, ul. Karlja Petra br. 5

7. Patriarchat von Rumänien
S. Seligkeit Teoctist, Patriarch der Orthodoxen Kirche
Rumäniens, Metropolit der Ungro-Walachei
und Erzbischof von Bukarest
RO-70526 Bucaresti, Aleea Mitropoliei nr. 2

8. Patriarchat von Bulgarien
S. Seligkeit Maxim, Metropolit von Sofia
und Patriarch von ganz Bulgarien
BG-1090 Sofia, Oboriste 4

9. Katholikat/Patriarchat von Georgien
S. Seligkeit Ilia II., Erzbischof von Mts'cheta und Tbilisi
und Katholikos-Patriarch von ganz Georgien
Georgien-380005 Tbilisi, Place Trakli II, No 1

10. Kirche von Zypern (Erzbistum)
S. Seligkeit Chrysostomos, Erzbischof
von Nea Iustiniana und ganz Zypern
CY-1016 Nikosia, P.O. Box 1130

11. Kirche von Griechenland (Erzbistum)
S. Seligkeit Christodoulos, Erzbischof
von Athen und ganz Griechenland
GR-115 21 Athen, Ioannou Gennadiou 14

12. Orthodoxe Kirche von Polen (Metropolie)
S. Seligkeit Sawa, Metropolit von Warschau und ganz Polen
PL-03402 Warszawa, Al. Solidarnosci 52

13. Orthodoxe Kirche von Albanien (Erzbistum)
S. Seligkeit Anastasios, Erzbischof
von Tirana und ganz Albanien
AL-151 Tirana, Kisha Ortodokse Autokehale e Shqipërisë

B. Autonome Kirchen

1. Erzbistum des Berges Sinai (Patriarchat von Jerusalem)
   S. Eminenz Damianos, Erzbischof von Sinai,
   Pharan und Raitho
   Monastery St. Katharina
   ET-112 71 Cairo, Midan El-Daher 18

* 2. Orthodoxe Kirche in den Tschechischen Ländern und der Slowakei (Erzbistum, Ökumenisches Patriarchat)
   S. Eminenz Dorotej, Erzbischof von Prag und Metropolit
   der Tschechischen Länder und der Slowakai
   CZ-11121 Praha, Post schr 655

3. Orthodoxe Kirche von Finnland (Erzbistum, Ökum. Patr.)
   S. Eminenz Johannes, Erzbischof von Karelia
   und ganz Finnland
   FIN-70110 Kuopio, Karjalankatu 1

4. Orthodoxe Kirche von Estland (Erzbistum, Ökum. Patriarchat)
   Verweser: der Erzbischof von Finnland

C. Weitere Kirchen

1. Ohne panorthodoxe Regelung des jurisdiktionellen Status
   a) Orthodoxe Kirche in Amerika (Russische Metropolie)
   b) Orthodoxe Kirche in Japan
   c) Orthodoxe Kirche in China
   d) Orthodoxe Kirche in Ungarn

2. Nicht kanonisch anerkannt
   a) Russische Orthodoxe Kirche im Ausland
   b) Makedonische Orthodoxe Kirche
   c) Ukrainische Orthodoxe Kirche - Patriarchat Kiev
   d) Ukrainische Autokephale Orthodoxe Kirche
   e) Katholisch-Orthodoxe Kirche des Westens

* inzwischen autokephal

ANHANG II

DIE ORTHODOXEN DIÖZESEN FÜR DEUTSCHLAND

mit Angabe der jurisdiktionellen Zugehörigkeit nach Anhang I

1. Griechisch-Orthodoxe Metropolie von Deutschland und Exarchat von Zentraleuropa (A, 1)
   D-53227 Bonn-Beuel, Dietrich-Bonhoeffer-Str. 2
2. Erzbistum der orthodoxen russischen Gemeinden in Westeuropa (A, 1)
   F-75008 Paris, 12, rue Daru
3. Ukrainische Orthodoxe Eparchie von Westeuropa (A, 1)
   D-51469 Bergisch-Gladbach, Höffenstr. 34
4. Patriarchalvikariat der Griechisch-Orthodoxen Kirche von Antiochien für Westeuropa (A, 3)
   F-75116 Paris, 22 Av. Kleber
5. Ständige Vertretung der Russisch-Orthodoxen Kirche in Deutschland (A, 5)
   D-40227 Düsseldorf, Ellerstr. 213
6. Berliner Diözese der Russisch-Orthodoxen Kirche des Moskauer Patriarchats (A, 5)
   D-10318 Berlin, Wildensteiner Str. 10
7. Serbisch-Orthodoxe Diözese für Mitteleuropa (A, 6)
   D-31137 Hildesheim-Himmelsthür, Obere Dorfstr. 12
8. Rumänisch-Orthodoxe Metropolie für Deutschland und Zentraleuropa (A,7)
   D-93047 Regensburg, Ostengasse 31
9. Metropolie der Moldau und der Bukowina (A, 7)
   RO-6600 Iasi, Strada Stefan cel Mare 16
10. Bulgarische Diözese von West- und Mitteleuropa (A, 8)
    D-10117 Berlin, Krausenstr. 73
11. Metropolie von Warschau und ganz Polen (A, 12)
    PL-03402 Warszawa, Al. Solidarnosci 52
12. Russische Orthodoxe Diözese von Berlin und Deutschland (C, 2, a)
    D-81247 München, Schirmerweg 78

ANHANG III

DIE ORTHODOXEN DIÖZESEN FÜR ÖSTERREICH UND DIE SCHWEIZ

mit Angabe der jurisdiktionellen Zugehörigkeit nach Anhang I

1. Griechisch-Orientalische Metroplis von Austria
   und Exarchat von Ungarn (A, 1)
   A-1010 Wien, Fleischmark 13

2. Metropolie der Schweiz und Exarchat von Europa (A, 1)
   CH-1292 Chambésy/Genève, 282 Rte de Lausanne

3. Orthodoxes Zentrum des Ökumenischen Patriarchats (A, 1)
   CH-1292 Chambésy/Genève, 37 Chemin de Chambésy

4. Patriarchalvikariat der Griechisch-Orthodoxen Kirche
   von Antiochien für Westeuropa
   (s. Anhang II, 4)

5. Russisch-Orthodoxes Bistum von Wien und Österreich (A, 5)
   A-1030 Wien, Jauresgasse 2

6. Russisch-Orthodoxes Bistum für Frankreich, Italien
   und die Schweiz (A,5)
   Metochie des Trois Docteurs
   F-75015 Paris, 26 rue Péclet

7. Serbisch-Orthodoxe Diözese für Mitteleuropa
   (s. Anhang II, 7)

8. Rumänisch-Orthodoxes Erzbistum von Westeuropa (A, 7)
   F-78430 Louveciennes, 21 rue de Montbuisson

9. Bulgarische Diözese von West- und Mitteleuropa
   (s. Anhang II, 10)

LITERATUR
(*nichtorthodoxe Autoren)

Afanasieff, N. - Koulomzine, H. - Meyendorff, J. – Schmemann, A.: Der Primat des Petrus in der orthodoxen Kirche (Bibliothek für Orthodoxe Theologie und Kirche 1), Zürich 1961.

Agouridés, S. [Hrsg.]: Proces-verbaux du Deuxième Congrès de Théologie Orthodoxe à Athénes 19-29 Aout 1976, Athen 1978.

Alivisatos, H. [Hrsg.]: Proces-verbaux du Premier Congrés de Théologie Orthodoxe à Athènes 29 Novembre - 6 Décembre 1936, Athen 1939.

-, Die Oikonomia nach dem kanonischen Recht der Orthodoxen Kirche, Frankfurt/M. 1998.

*Benz, E.: Geist und Leben der Ostkirche (Forum Slavicum 39), München (1957) ²1971.

Bratsiotis, P. [Hrsg.]: Die orthodoxe Kirche in griechischer Sicht. 2 Bde (Kirchen der Welt 1), Stuttgart (1959-1960) ²1970.

Bulgakov, S.: Die Orthodoxie. Die Lehre der orthodoxen Kirche (Sophia 29), Trier 1996.

Clément, O.: L'Église orthodoxe, Paris 1961.

*Congar, Y.: Zerrissene Christenheit. Wo trennten sich Ost und West?, Wien 1959.

*Erni, R.: Die Kirche in orthodoxer Schau, Freiburg/Schweiz 1980.

Evdokimov, P.: L'Orthodoxie, Neuchatel - Paris (1959) ²1965.

-, Gotteserleben und Atheismus, Wien 1967.

*Felmy, K. Chr.: Die orthodoxe Theologie der Gegenwart. Eine Einführung, Darmstadt 1990.

Florovsky, G.: Collected Works, 14 Bde, Belmont, Mass. 1972-1989.

*Heiler, F.: Die Ostkirchen. Neubearbeitung von "Urkirche und Ostkirche", München 1971.

Kallis, A.: Orthodoxe Kirche, in: Theologische Realenzyklopädie 18 (1989) 252-262.

-, Orthodoxe Katholische Kirchen, in: Evangelisches Kirchenlexikon 3 (1992) 939-951 u. Übersichtskarte.

Kallis, A.: Brennender, nicht verbrennender Dornbusch. Reflexionen orthodoxer Theologie, Münster (erscheint Herbst 1999).
-, Das hätte ich gerne gewußt. 100 Fragen an einen orthodoxen Theologen, Münster (erscheint Herbst 1999).
- [Hrsg.]: Dienst am Volk Gottes. Leben und Wirken der Griechisch-Orthodoxen Metropolie von Deutschland, Exarchat von Zentraleuropa, Herten 1992.
-, Orthodoxie an der Jahrtausendwende, Münster (erscheint Herbst 1999).
Liturgie. Die Göttliche Liturgie der Orthodoxen Kirche; deutsch griechisch - kirchenslawisch, hrsg. u. erl. v. A. Kallis, Mainz (1989) ^{3}1997.
Lossky, V.: Die mystische Theologie der morgenländischen Kirche (Geist und Leben der Ostkirche 1), Graz 1961.
-, Schau Gottes (Bibliothek für orthodoxe Theologie und Kirche 2), Zürich 1964.
-, In the Image and Likeness of God, Crestwood, NY 1974.
Lot-Borodine, M.: La déification de l'homme selon la doctrine des Pères grecs (Bibliothèque oecuménique 9), Paris 1970.
Meyendorff, J.: Die orthodoxe Kirche gestern und heute (Wort und Antwort 3), Salzburg 1963.
-, Orthodoxie et Catholicité, Paris 1965.
-, Living Tradition. Orthodox Witness in the Contemporary World, Crestwood 1978.
Nissiotis, N.: Die Theologie der Ostkirche im ökumenischen Dialog. Kirche und Welt in orthodoxer Sicht, Stuttgart 1968.
*Nyssen, W. - Schulz, H.-J. - Wiertz, P. [Hrsg.]: Handbuch der Ostkirchenkunde. Neubearbeitete Ausgabe des Handbuches von 1971, 3 Bde, Düsseldorf 1984-1997.
*Onasch, K.: Kunst und Liturgie der Ostkirche in Stichworten, Wien 1981.
Ouspensky, L.: La Théologie de l'icône dans l'Église orthodoxe, Paris (1960) ^{2}1980.
Ouspensky, L. - Lossky, W.: Der Sinn der Ikonen, Bern 1952.
*Sartorius, B.: Die orthodoxe Kirche (Die Großen Religionen der Welt 10), Genf 1973.
Savramis, D.: Zwischen Himmel und Erde. Die orthodoxe Kirche heute, Stuttgart 1982.
Schmemann, A.: The Historical Road of Eastern Orthodoxy, New York 1963.